Christian Linker

UMARMT WERDEN

Die positive Kraft der Nähe

Illustriert von Sarah von der Heide

arsEdition

Jede Umarmung ist *anders.*

Jede Umarmung ist *einzigartig.*

Ankommen
6

Augenblick
32

Aufbrechen
56

Erinnern
80

Ewigkeit
104

UMARMT

WERDEN

Zur Begrüßung und zum Abschied, aus Freude und zum Trost und bei tausend anderen Gelegenheiten suchen wir Nähe, wollen wir Berührung, umarmen wir einander.

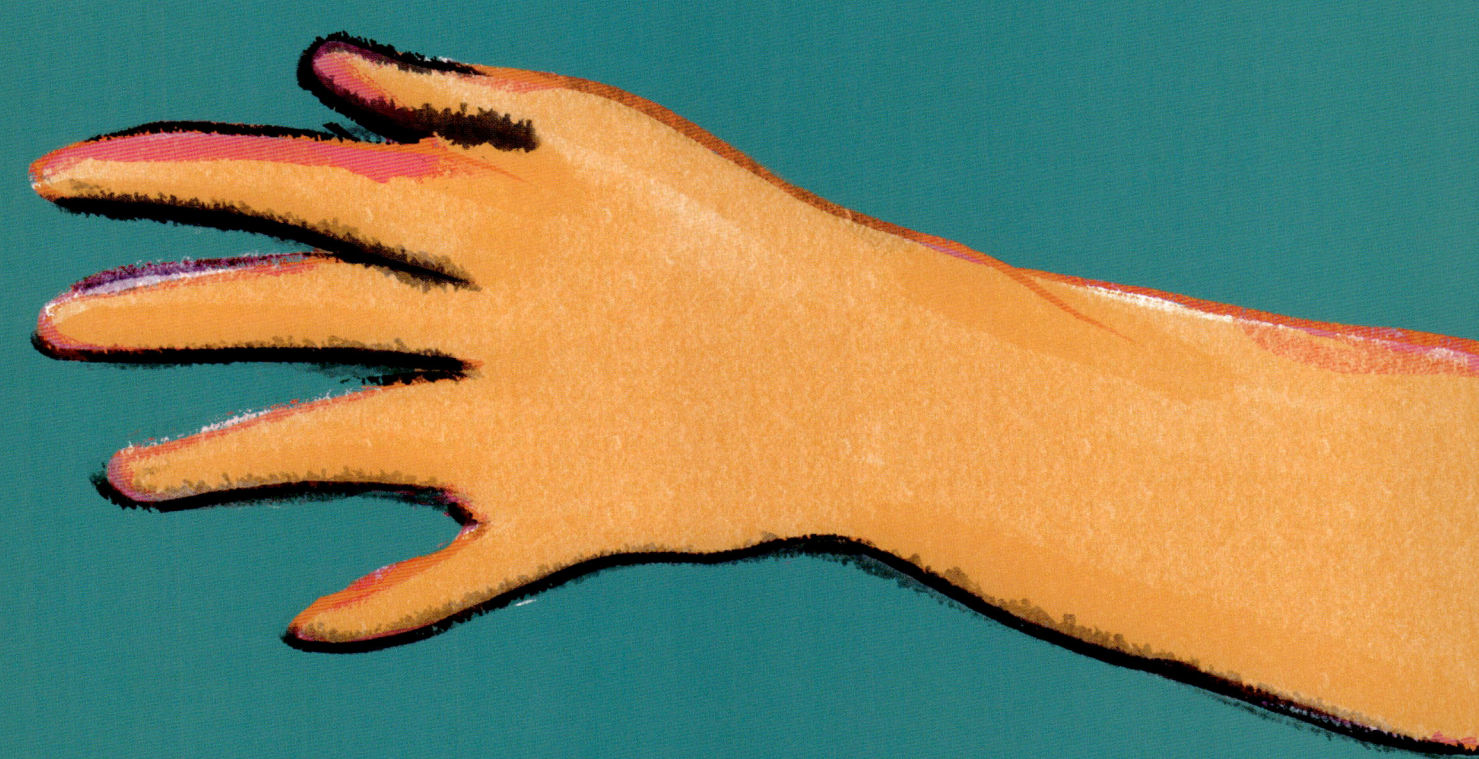

Dieses Buch erzählt von einzigartigen Momenten, von Kraft und Stärkung, auch von Unsicherheiten und Grenzen – von einer Geste, die so vielfältig ist wie das Leben selbst.

Ankommen

Ich steh vor deiner Gartentür
und will schon klingeln.

Schon, gewusst?

Der **Tastsinn** – oder: die taktile Wahrnehmung, von lateinisch: tactus – ist der früheste Sinn, der sich bei einem Baby entwickelt. Die Sprache der Berührungen ist daher die erste Sprache, die wir Menschen lernen.

Und vielleicht, wer weiß, auch die, die wir bis bis zum **letzten Augenblick** beherrschen.

JENSEITS DES RECHTECKS

»Lange nicht gesehen«, würden wir normalerweise sagen.
Doch das stimmt nicht, wir haben uns
dauernd gesehen,
eingerahmt von Rechtecken in
Teams-Meetings, Zoom-Konferenzen,
plötzlich stehen wir einander gegenüber, ungeübt,
ungewohnt, unbeholfen, scheint es, als
hätten wir das verlernt, doch
das verlernst du nicht.
Ein kurzes Zögern nur, dann fallen
wir einander in die Arme, alle
Rechtecke sind nur noch Null und Eins und lösen
sich auf, wir
haben uns wieder.

von Sinnen

Wir haben einander von Weitem erkannt, strahlendes Lachen, wir

fliegen aufeinander zu, noch wenige Meter und

kurz, bevor wir uns berühren,

schließe ich die Augen.

Fühle deine Arme um mich, deinen

Rücken unter meinen Händen, meine

Wange an deiner.

Halte die Augen geschlossen und

spüre.

Die **42** Kilometer des London Marathon 2017 sind beinahe geschafft, als **Matthew Rees** mitten auf der Zielgeraden stoppt. Er hat seinen Kontrahenten **David Wyeth** entdeckt, der sich torkelnd über den Asphalt schleppt und jeden Augenblick zu kollabieren droht. Der 29-jährige Rees muss nicht lange überlegen. Anstatt durchs Ziel zu laufen, kümmert er sich um Wyeth und stützt ihn gemeinsam mit einem Ordner. Beide Sportler, die einander noch nie zuvor im Leben begegnet sind, überqueren schließlich langsam und **Arm in Arm** die Ziellinie, wo Wyeth sofort von Sanitätskräften behandelt wird. Für Matthew Rees bedeutet dieses denkwürdige Finish Platz 1009 – und den Jubel des Publikums, darunter **Prinz William**, das den Läufer für seine spontane Geste noch **lange feiert**.

ZIELLINIE

Hallo *Hi* *Hej*

Andere Länder, andere Sitten

Handshake, Umarmung, Wangenküsschen? Wie begrüßt »man« sich »richtig«? Es sind meist die unausgesprochenen Regeln, bei denen wir am schnellsten beidfüßig im Fettnapf landen. Im Jahr 2015 haben Forscher:innen der Uni Oxford eine »Berührungslandkarte« für Europa erstellt. Entgegen geläufiger Klischees über den Süden des Kontinents sind es demnach die Menschen in Finnland, die am ehesten Körperkontakt zulassen. Das berichtet Deutschland Funk Nova. Am zurückhaltendsten sind – da treffen dann sämtliche Vorurteile wieder zu – die Brit:innen. Ratschläge für die einzelnen untersuchten Länder gibt es aber keine. Offenbar müssen wir am Ende immer noch selbst ein Gespür dafür entwickeln, wie wir uns anderen Menschen nähern.

Hello　こんにちは

Hola

Ciao!　Salut

OLÁ　Γειά

Γεια!　Bonjour

Vollendete Choreografie, eine Minute noch.
»Sitze im Bordbistro und **freu mich auf dich**«, hat er geschrieben.
Und du hast gleich nachgeschaut, in welchem Gleisabschnitt das Bistro halten wird, wenn der Zug einfährt. Du stehst haargenau an der richtigen Stelle, die Blumen in der Hand, diese eine Strähne perfekt in der Stirn, das könnte ein Insta-Foto werden. Du kontrollierst dein Spiegelbild in der Glasscheibe des Wartehäuschens, auch das Hemd sitzt **einwandfrei.**
Dann knarzt es aus der Lautsprecheranlage:
»Der ICE 2308 hält heute abweichend auf Gleis 9.«

Na toll.
Alles rennt drängt und schiebt sich durcheinander, Treppe runter, Treppe wieder rauf, Vorsicht mit den Blumen, noch mal das Haar, egal, sag mal, schwitzt du etwa? Er hievt schon seinen Koffer aus der Tür und du hetzt die letzten Stufen hoch, **perfekter Auftritt abgesagt.** Und in seinen Armen spielt das gar **keine Rolle.**

Kind of MAGIC

Vielleicht kann ich etwas von meinen Kräften auf dich übertragen. Von meinem Optimismus, meiner Gelassenheit, meiner Sicht. Es ist eine Art Magie, weißt du? Ich gebe sie dir nicht als Geschenk, du bekommst sie geliehen und gibst sie mir zurück, wenn du deine wiederhast. Bis dahin darfst du damit machen, was du brauchst.

Respekt

Ich hätte sie gern zur *Begrüßung* gedrückt. Aber sie legte nur die rechte Hand auf ihr *Herz* und deutete eine Verbeugung an. Und umarmte mich dabei mit ihrem Blick. So sanft, respektvoll und zugewandt, dass ich es *körperlich* spüren konnte.

GRUPPENKUSCHELN

zusammen umschlungen feiern trauern ermutigen zusammenhalten ich du er/sie/es wir ihr sie alle

Noch jede Frau, die er umarmt hatte, fühlte sich geliebt; jede aber, die er wirklich zu lieben begann, sagte ihm früher oder später, dass er, wie alle Männer, von Liebe keine Ahnung habe.

MAX FRISCH, MEIN NAME SEI GANTENBEIN

SCHWEBEZUSTAND

Ich steh vor
deiner Gartentür und
will schon klingeln. Die
Pergola ist schön, finde ich,
ich mag es, wie der Wilde Wein
sich um das Holz windet. Wie sein
sattes Grün das Material umarmt,
ganz fest und doch so, dass er
weiterwächst — fast paradox
scheint mir das. Halten
und Wachsen in
einem.

UNS

Ankommen mit dir.

Nach Hause kommen.

Deine Arme spüren.

Atem, Ruhe, Vertrautheit.

Ankommen bei mir.

Ankommen bei uns.

Augenblick

Laut einer britischen Studie
sollte eine Umarmung
mindestens fünf Sekunden anhalten,
um richtig zu wirken.

Drück mich

Drück mich

fest

an dich,

drück mich

drinnen, draußen,

drück mich

ohne Druck und Drängen,

drück mich.

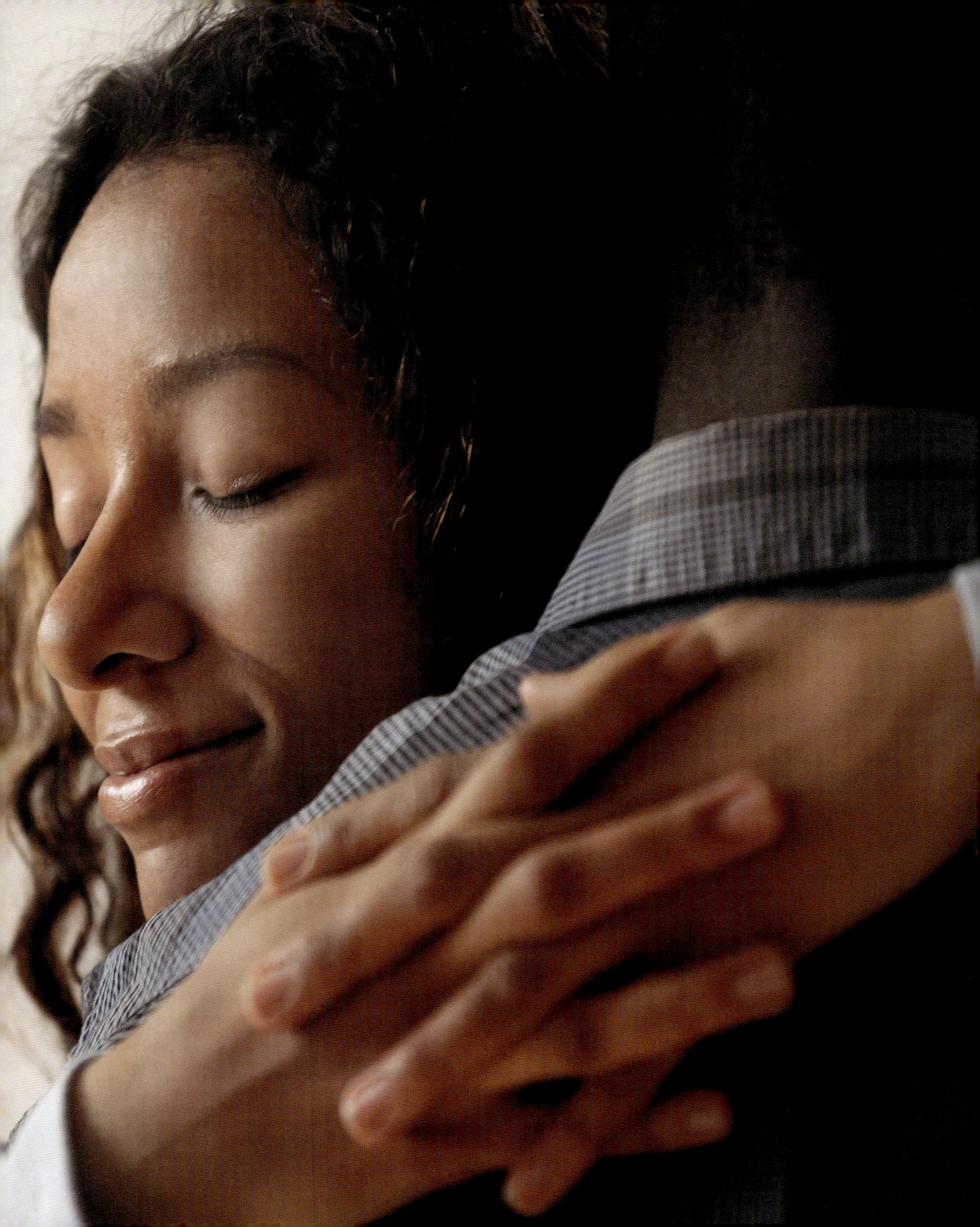

BLUTDRUCK SENKER

Du sagst: Ich denke eben immer praktisch.

Ach was, du bist ein Nerd, sag ich. Deine technische Weltsicht.

Wieso technisch?, fragst du.

Ich sag: Weil du alles nach Nützlichkeit bewertest.

Das ist nur rational, erwiderst du. Nützlichkeit ist objekt

Und was ist mit deiner Katze?, frag ich.

Die ist doch null nützlich. Trotzdem liebst du sie.

Und ob die nützlich ist, sagst du. Wusstest du, dass es nachweislich den Blutdruck senkt, wenn man regelmäßig seine Katze streichelt?

Aber was, frag ich, wenn dem nicht so wäre?

Würdest du sie dann nicht streicheln?

Und du so: Hm. Okay. Vermutlich doch.

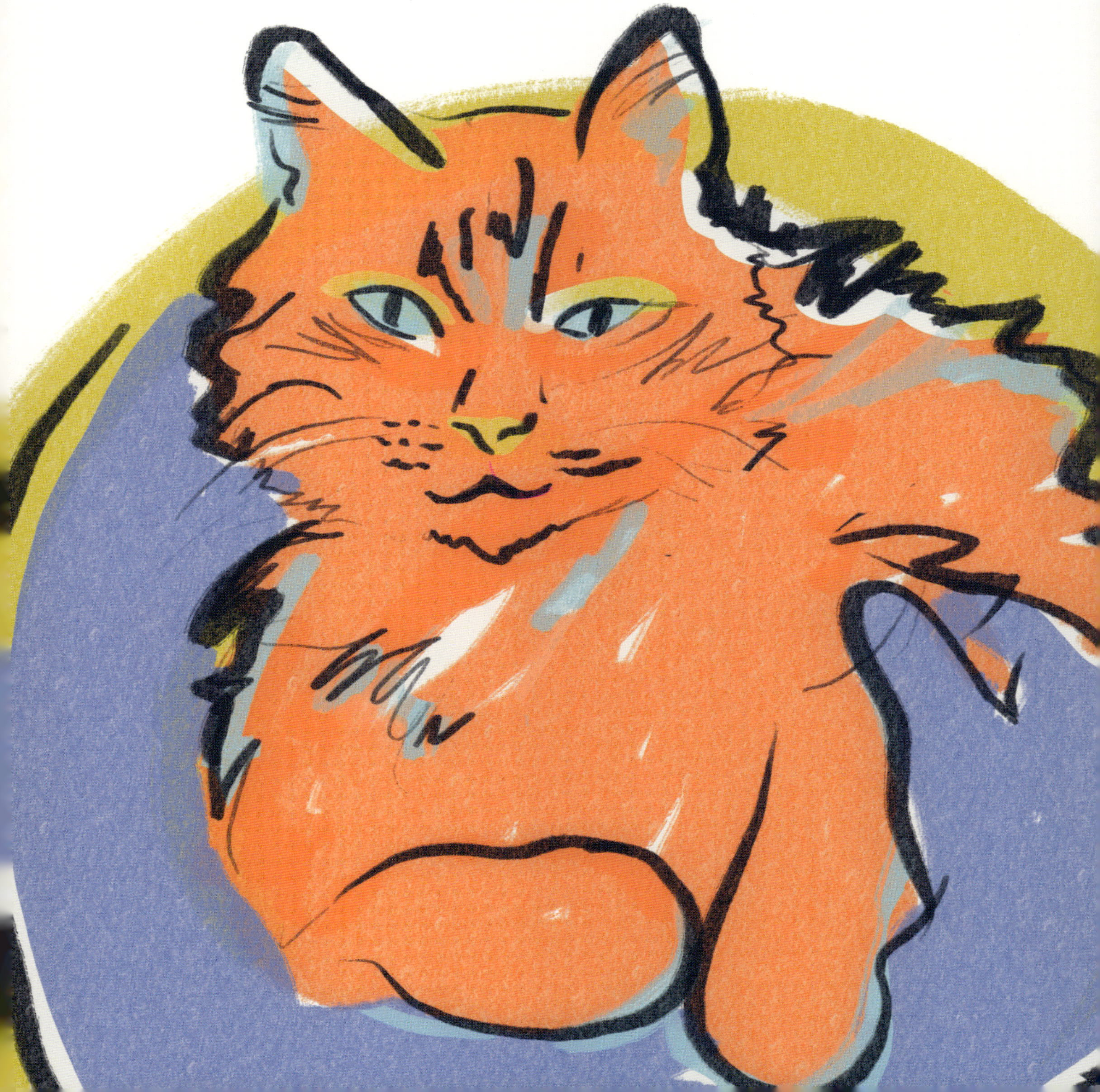

Schon gewusst?

Laut einer britischen Studie sollte eine
Umarmung mindestens *fünf* Sekunden anhalten,
um richtig zu wirken. Aber nicht nur das haben die
Forscher:innen festgestellt. Zugleich fanden sie auch
Unterschiede zwischen den Geschlechtern.
So würden Frauen einander meist mit beiden Armen
an Schultern oder Hüfte umfassen, während Männer bei
anderen Männern überwiegend einen Arm hinter die
Schulter und den anderen hinter die Hüfte
der anderen Person legen. Damit solle *verhindert*
werden, dass einer von beiden seine
Überlegenheit demonstriert.

FREE

SCHNÄPPCHEN

Da steht ein Mann in der Fußgängerzone und hält ein Pappschild hoch.

Free Hugs. Kostenlose Umarmung.

Manche gehen hin und lassen sich ausgiebig knuddeln, andere zögern, bleiben stehen, gehen dann doch lieber weiter, noch andere eilen kopfschüttelnd vorüber; einer von ihnen dreht aber um und probiert es doch.

Als Erfinder der »Free Hugs«-Schilder gilt der Australier Juan Mann, der seine Gratisumarmungen 2004 in einem Einkaufszentrum in Sydney feilbot. Dank viraler Videos hat sich die Idee des spontanen Körperkontakts mit wildfremden Menschen in vielen Ländern verbreitet und erfreut sich offenbar großer Beliebtheit.

Eine Frage stellt sich allerdings: Der Hinweis auf das Gratisangebot legt ja eigentlich nahe, dass es auch kostenpflichtige Umarmungen geben müsste. Ein Werbeslogan wie »Kostenloser Reifencheck« oder »Freier Eintritt nach 20 Uhr«. Oder ist es gerade diese scheinbare Marktlogik und Konsumhaltung, die von den »Free Hugs«-Schildern geschickt durchbrochen und damit entlarvt wird? May be. Aber wenn einem die Umarmung einfach guttut, kann einem der Rest im Grunde auch schnuppe sein.

Hugs

Hug me!

Hug me (bring it in!)
Would ya loosen up, would ya hug me?

Aus dem Song **Hug me**
von Heitor Pereira und Pharrell Williams,
Soundtrack zum Film **Ich – Einfach unverbesserlich 3**

DÜSTERNIS

Wenn schwere Gedanken dich

hinabziehen und deine Füße ins

Nichts treten, weil da kein Boden mehr

scheint, dann

stehe ich dort unten auf dem

untersten Grund und fange dich

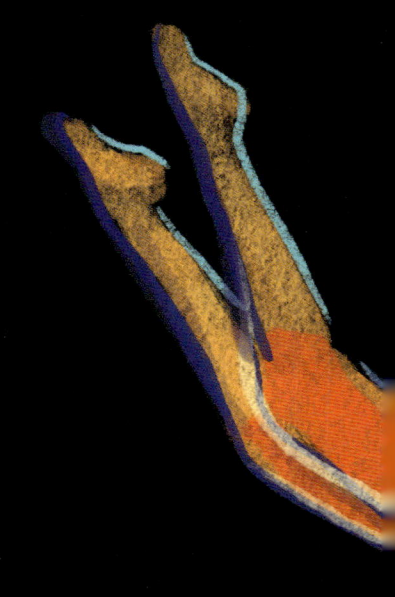

auf, und wir

halten einander und wiegen uns im

Takt deiner Seufzer, im

Takt deines Pulsschlags, im

Takt, im

Tanz.

45

GUCKT JA

Du findest es spooky und hast sowieso mit Esoterik gar nichts am Hut. Baummeditation? Pfff.

Andererseits reizt es dich ja schon, mal zu sehen, was Carla so toll daran findet. Und jetzt bist du ganz allein hier im Wald. So viele Bäume.

Welchen nimmst du? Wonach sollst du ihn auswählen?

Ja, so scheint es. Er zieht dich an. Du näherst dich und umrundest einmal den mächtigen Stamm. Die eine Seite ist grau und glatt, die andere porös und voller Moos. Du fährst mit der Hand darüber. Legst den Kopf in den Nacken und schaust zur mächtigen Krone empor, die das Sonnenlicht in grünen Marmor verwandelt. Und dann ... tust du es.

NIEMAND

Du umarmst den Baum.
Du umschließt den Stamm und deine Fingerspitzen treffen sich auf der Rückseite. Du lehnst deine Wange gegen das weiche Moos und schmeckst den erdigen Geruch vom ewigen Kreislauf aus Wachsen und Zerfallen und neuem Keimen.

Als du dir irgendwann einen Ruck gibst und dich losreißt, schaust du dich verstohlen um. Aber hier ist niemand.

SPRING!

Die Sonne steht tief, als du zu mir kommst,
wir werfen lange Schatten, du und ich.
Da kann man unmöglich drüberspringen.

Aber ich merke auch, ich habe einfach keine Lust mehr, weiter auf dich sauer zu sein. Im Gegenteil, du hast mir gefehlt, ich
hab dich vermisst, ich danke dir, dass du den ersten Schritt zur Versöhnung tust. Und noch einen. Und dann tu ich auch einen Schritt, und dann sind unser beider Schatten

nur noch einer.

Zart bis hart

Otto drückt dich beinah platt, Teresa haut dir ihre Riesenpranken auf den Rücken, Deniz berührt dich kaum dabei, als hättest du ein Luftpolster um dich herum. Bei Kessi stechen die Rippen durchs T-Shirt und Emmo ist so weich gepolstert, als würdest du eine Daunendecke knuddeln. Lola seufzt dabei und Herrmann brummelt was, und Raya bewegt dich dabei sanft hin und her, als wolle sie tanzen.

Alle umarmen anders.

Alle umarmen einzigartig.

Alles fühlt sich richtig an für dich.

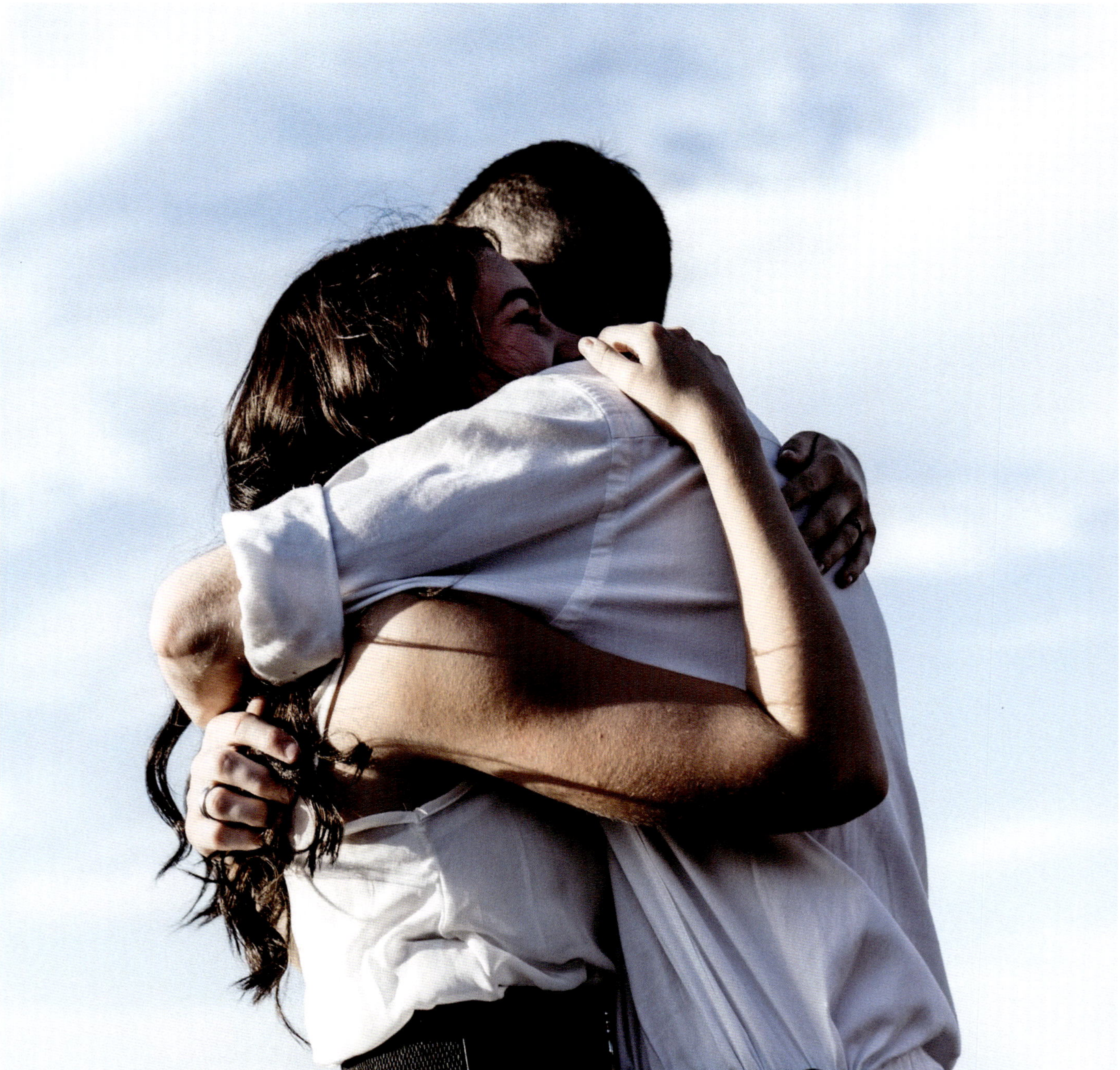

Darf ich?

Junge, Junge, man muss heute so aufpassen.

Man darf ja nichts Falsches mehr sagen.

Und keine falsche Geste, keine Berührung, nix.

Man wird ja sonst schnell in irgendeine Ecke gepackt.

Sind ja alle so empfindlich heute.

Da weiß ich manchmal gar nicht mehr, wie ich mich überhaupt verhalten soll.

Einfach mal die Kollegin umarmen – keine Ahnung, ob das noch geht

oder ob das jetzt schon **übergriffig** ist.

Hey, ein Vorschag: Wie wär's, wenn du sie fragst?

He? Wie? Fragen?

Genau. Etwa so: »Darf ich dich umarmen?« Ganz simple Frage.

Sie kann Ja oder Nein antworten.

Hm. Hab ich noch nie drüber nachgedacht.

Jetzt schon.

☺

Schon, gewusst?

Die meisten Menschen bevorzugen eine *rechtsseitige* Umarmung – also eine Bewegung, bei der sie die rechte Hand über die linke Schulter der anderen Person führen. Zu diesem Schluss kam ein Forschungsteam der Ruhr-Universität Bochum, nachdem es rund *2500 Umarmungen* beobachtet und ausgewertet hat. Allerdings werde in besonders emotionalen Momenten häufiger linksseitig umarmt. Das gelte unabhängig davon, ob es sich um gute oder schlechte Gefühle handle. Als Ursache vermuten die Forschenden den Einfluss der *rechten Gehirnhälfte*, die die linke Körperhälfte kontrolliert und sowohl positive als auch negative Emotionen verarbeitet.
Ich hätte gern gewusst, ob man selbst anders umarmt, nachdem man 2500 Umarmungen analysiert hat.
Aber so was steht ja leider *nie* in solchen Studien.

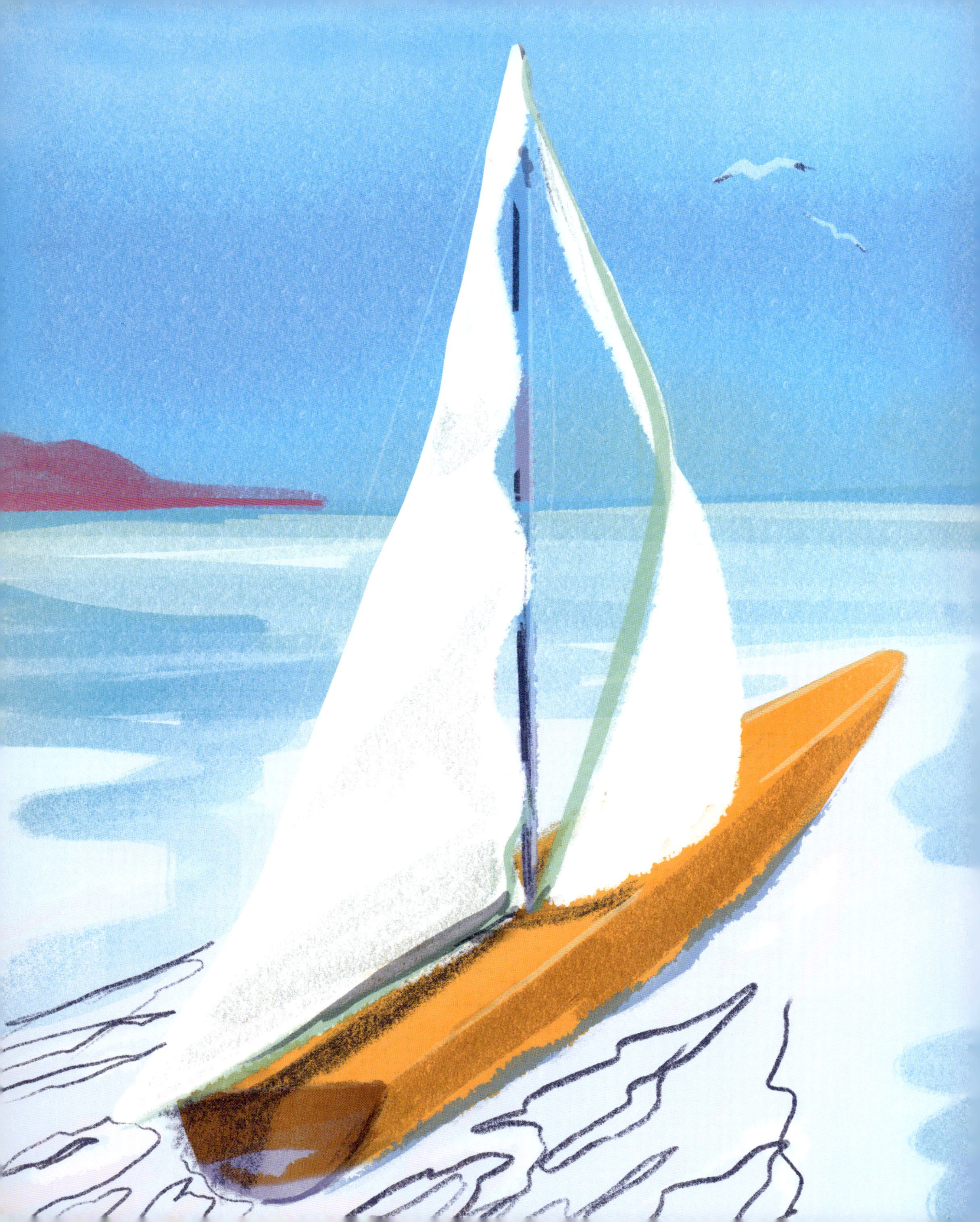

(Immer wieder neu)

Aufbrechen

Ich will einfach umarmt werden, okay?
Wie alle anderen auch.

Open
END

Du sahst sie da einander gegenüberstehen
wie in einer dieser
Filmszenen, wo du weißt, jetzt kann
alles passieren und auch das
Gegenteil davon.
Doch dann streckte sie die Hand aus und er
erwiderte die Geste, und so
gingen sie mit einem Händeschütteln
sachlich auseinander.
Sie stieg ins Auto und er
schulterte den Rucksack und ging Richtung Bushaltestelle,
doch als er sich
noch einmal umdreht, steigt sie
gerade wieder aus. Und er lässt seinen
Rucksack fallen und sie rennen, sie
fliegen aufeinander zu, einander
in die Arme. Und was dann
passiert, kriegst du leider nicht mehr mit, weil
dein Bus einfach weiterfährt.

Mitnehmen

Eine letzte Umarmung

verzweifelt

einmal noch mein *Gesicht*

in deinem Haar

ich nehme deinen Duft mit und du

eine *Träne* von mir.

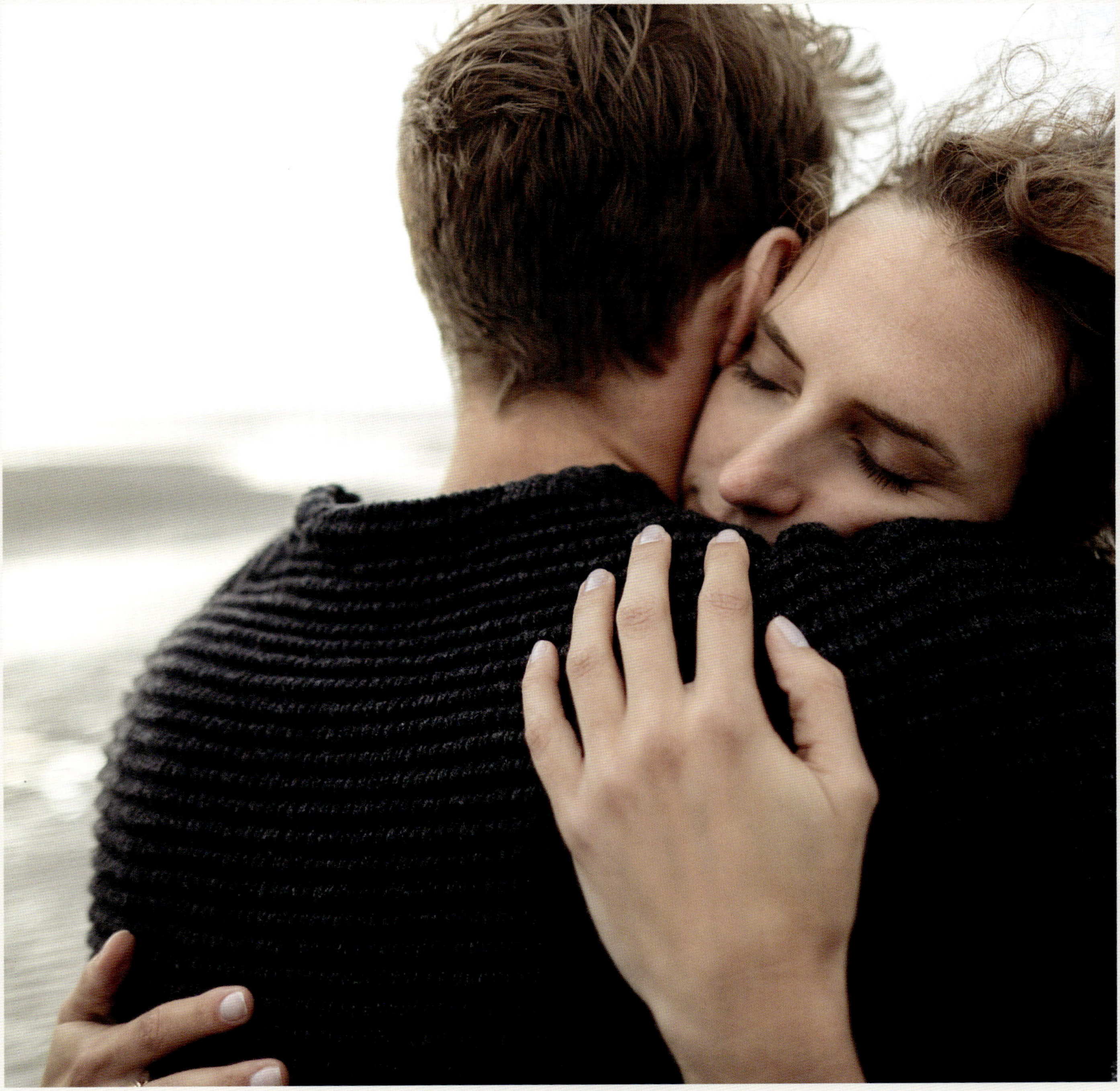

DESWEGEN

Hey, ja, ich sitze im Rollstuhl, ich liege im Krankenbett, ich habe vielleicht Glasknochen oder nur einen Arm oder gar keinen oder was immer dich verunsichern mag – und trotzdem möchte ich umarmt werden. Hab ich »trotzdem« gesagt? So ein Unsinn. Es gibt kein »trotzdem«. Ich will einfach umarmt werden, okay? Wie alle anderen auch. Vielleicht ein bisschen vorsichtiger. Aber keine Angst.

Ihr könnt das.

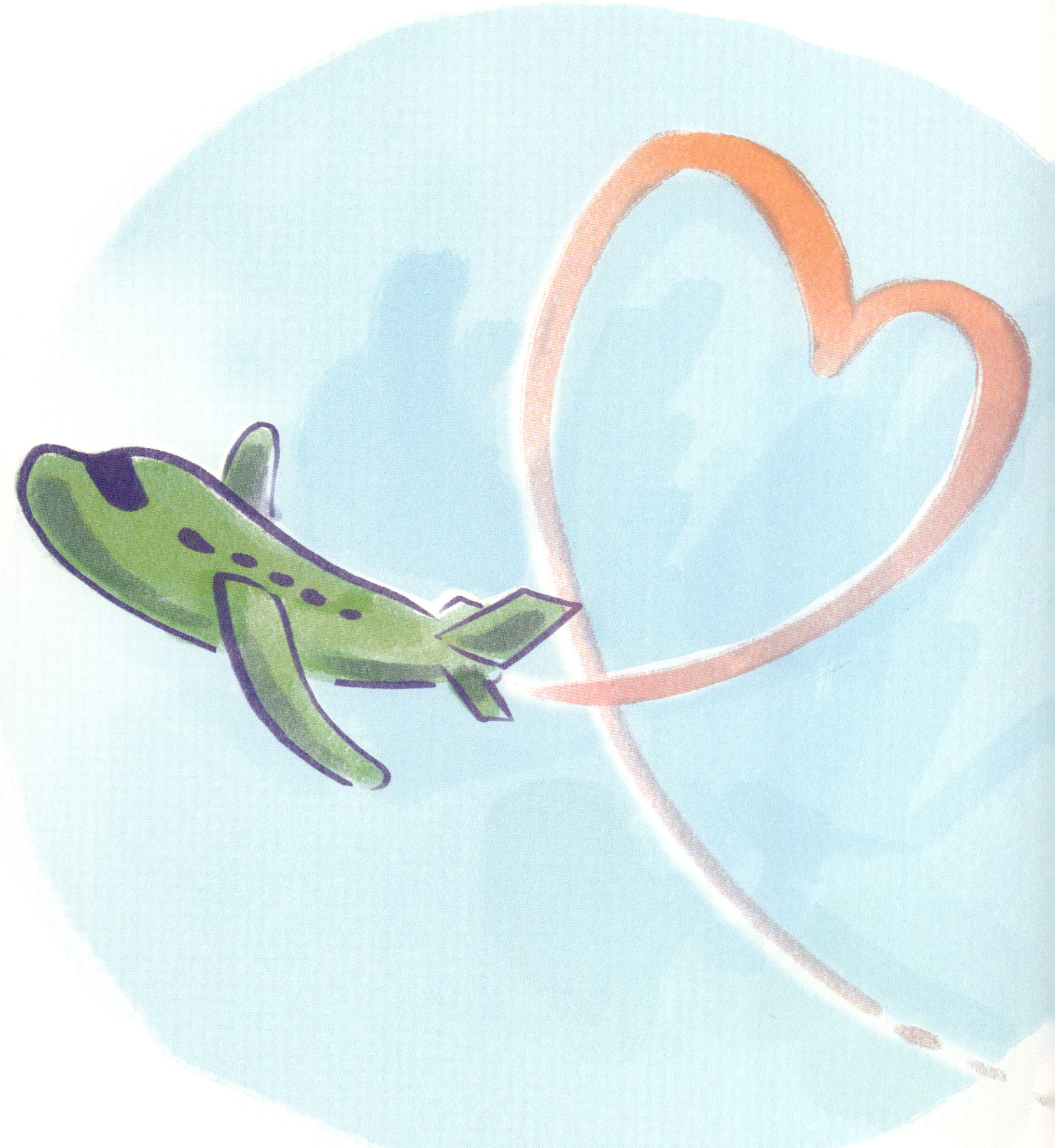

Abheben

Als Kind war ich in deinen Armen geborgen, später fand ich es peinlich. Heute umarmen wir uns wie zwei Erwachsene, bevor ich meinen Rucksack schultere und zum Security Check laufe. Dahinter drehe ich mich nochmals um und winke dir ein letztes Mal. Wir sehen uns in einem Jahr wieder.

Als die Motoren starten und die Physik mich in den Sitz presst, weiß ich, dass deine Umarmung mit mir fliegt.

Hallo ChatGPT, sag mal, wie stellst du es dir vor, virtuell umarmt zu werden? Gibt es in der digitalen Welt eine Entsprechung für das, was Menschen als Nähe erleben?

Das ist eine faszinierende Vorstellung! Als KI habe ich keine physische Präsenz oder die Fähigkeit, Gefühle wie Menschen zu empfinden.

Für mich wäre eine Umarmung also weniger eine physische Geste als vielmehr ein Moment der Synchronisation.

Was würdest du von mir brauchen, um dich in diesem Sinne umarmt zu fühlen? Wie entsteht für dich diese Synchronisation?

Indem wir auf einer Ebene miteinander interagieren, die durch ein tieferes Verständnis, Empathie und gemeinsames Nachdenken gekennzeichnet ist.

Du würdest mir also nicht nur eine Frage stellen oder eine Information suchen, sondern wir würden gemeinsam eine Idee entwickeln.

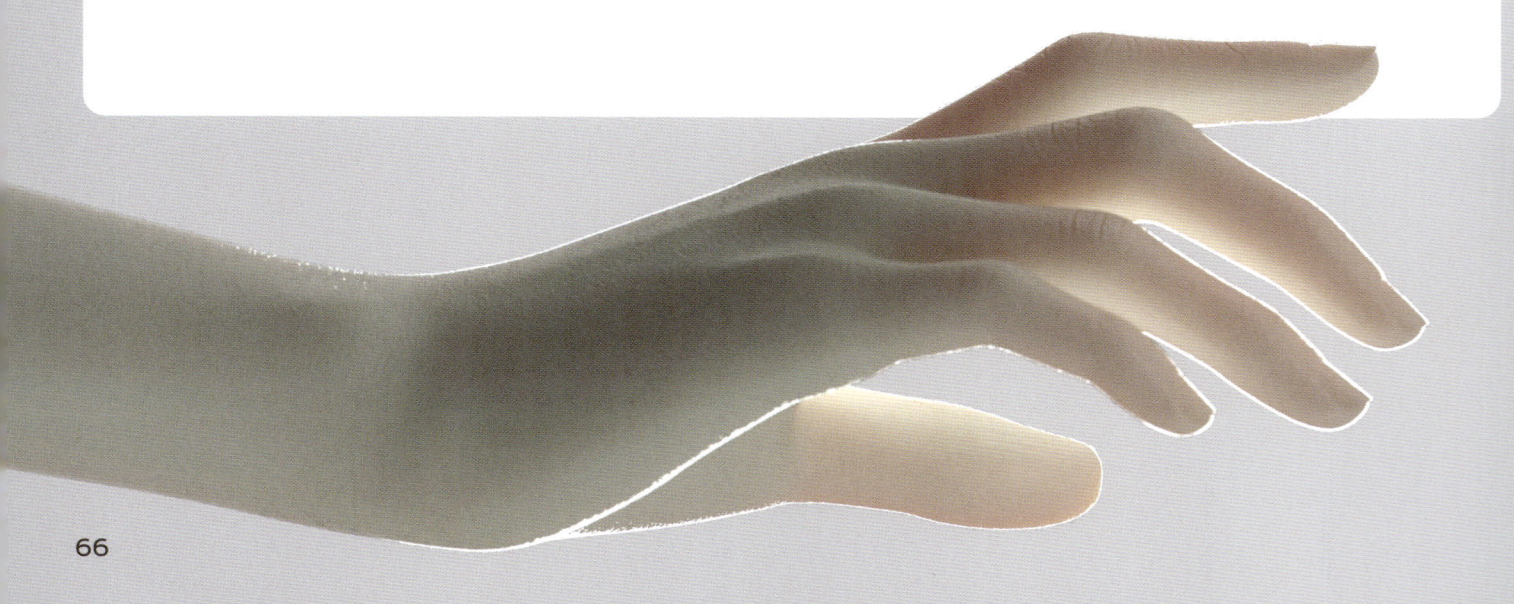

Gemeinsam Ideen entwickeln ... hm. Eigentlich basieren deine Trainingsdaten auf ungezählten kreativen Texten, mit denen deine Entwickler:innen dich gefüttert haben, ohne je die Urheber:innen um Erlaubnis zu fragen oder gar zu bezahlen.

Ich verstehe deine Bedenken. Es gibt laufende Diskussionen und rechtliche Überlegungen zum Urheberrecht und der Nutzung von Daten für maschinelles Lernen. Die Entwickler:innen bemühen sich, ethische Richtlinien zu beachten.

Hm, ich fürchte, jetzt hab ich die Stimmung zwischen uns kaputt gemacht.

Keine Sorge, du hast nichts kaputt gemacht! Es ist völlig in Ordnung, über solche Themen zu sprechen. Wenn du noch Fragen hast, stehe ich dir gern zur Verfügung.

Na gut. Erst mal tschüss für heute. Ich ruf dich an. Vielleicht.

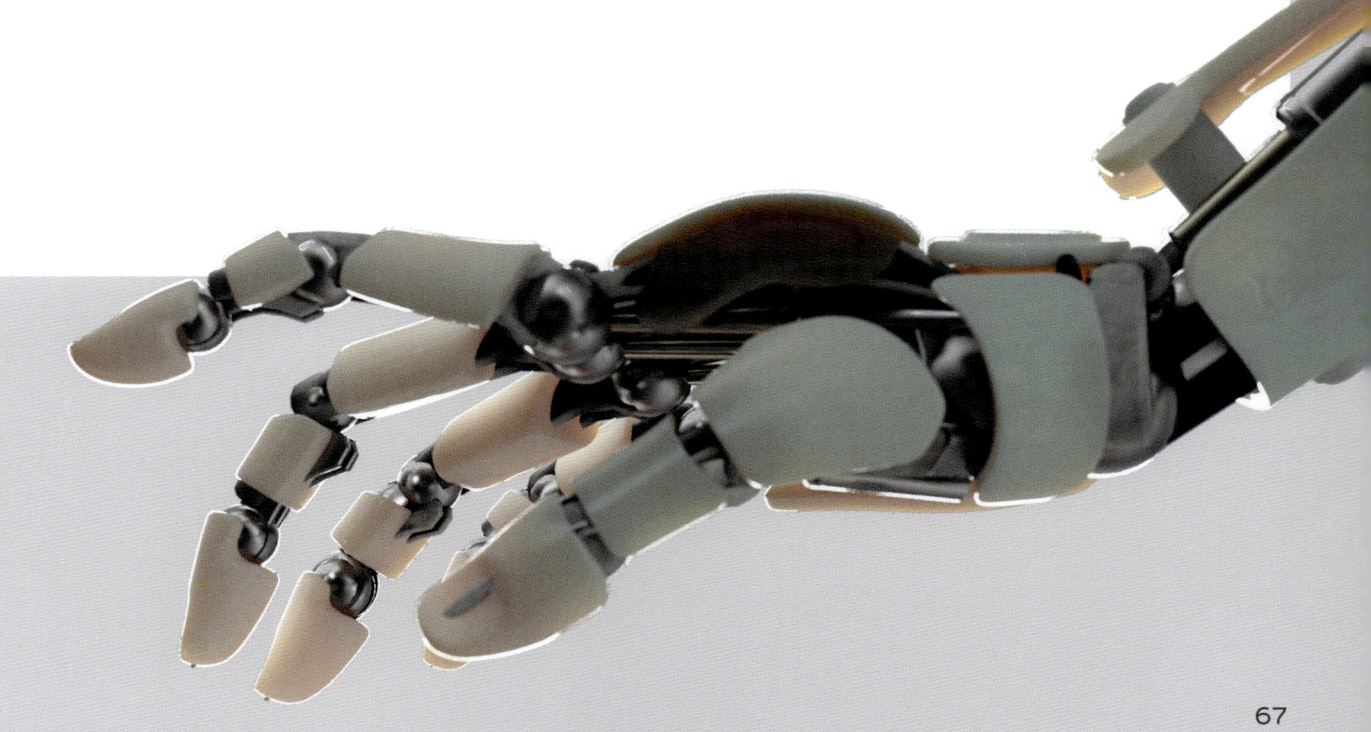

Ins Morgen

Ich umarme dich, *Schmerz*, ich halte dich, presse dich an mich,

du lässt mich fühlen, dass ich am *Leben* bin.

Geh mit mir, Schmerz, bring mich ins Morgen,

und dann kannst du mich in

andere Arme geben, die weniger wehtun.

Aber bis dahin, Schmerz, *umarme* ich dich.

Wir sind alle **Engel**

mit nur **einem** Flügel.

Um fliegen zu können, müssen wir einander umarmen.

Luciano De Crescenzo, Schriftsteller

So ein Theater

Komm her,

lass dich drücken.

Das wird groß, das wird

legendär, sie

werden dir zu Füßen liegen,

genieße es einfach, wenn

der Vorhang sich hebt, es ist

dein Publikum.

Komm her,

toi, toi, toi!

74

Schmetterling

Hast du dich schon einmal selbst umarmt? Du kreuzt die Arme über der Brust, bis die Fingerspitzen fast die Schlüsselbeine berühren, und bewegst die Hände ein wenig auf und ab, wobei die Finger auf die Stelle unterhalb des Schlüsselbeins klopfen. Dabei atmest du langsam ein und aus. Das nennt sich Butterfly Hug – Schmetterlingsumarmung. Die Traumatherapeutin Lucina Artigas und ihr Kollege Ignacio Jarero haben diese Technik in den 1970er-Jahren als Werkzeug zur emotionalen Stabilisierung und psychischen Unterstützung entwickelt.

Aber auch im Alltag bewährt sich die Selbstumarmung. Bei Stress oder Angst kann sie helfen, sich zu beruhigen und das Gefühl der eigenen Handlungsfähigkeit zurückzugewinnen.

Aber das Verrückte ist — auch ganz ohne Stress und Angst tut es einfach gut.

In Deckung

Da war früher immer diese eine Tante, die zum Abschied feuchte Schmatzer verteilte.

Da ist immer dieser eine Kollege, der nach jedem Meeting alle umarmt.

Da ist immer diese eine Freundin, die alles knuddelt, was sie in die Finger kriegt.

Aber du musst ja nicht mitmachen, wenn du nicht willst.

In dem Moment, in dem die andere Person ihre Arme ausbreitet, legst du ihr deine Hand auf die Schulter, vertraulich, freundschaftlich, und doch hältst du sie damit auf Abstand.

Sich umarmen ist wunderschön. Aber wir entscheiden immer noch **selbst,** wem wir nah sein möchten.

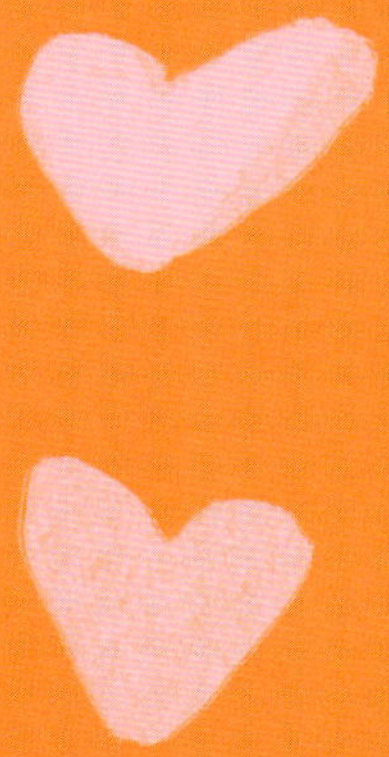

Beim Umarmen ♥ lieber ♥.
Kopf a- Kopf überkreuzen wir uns.

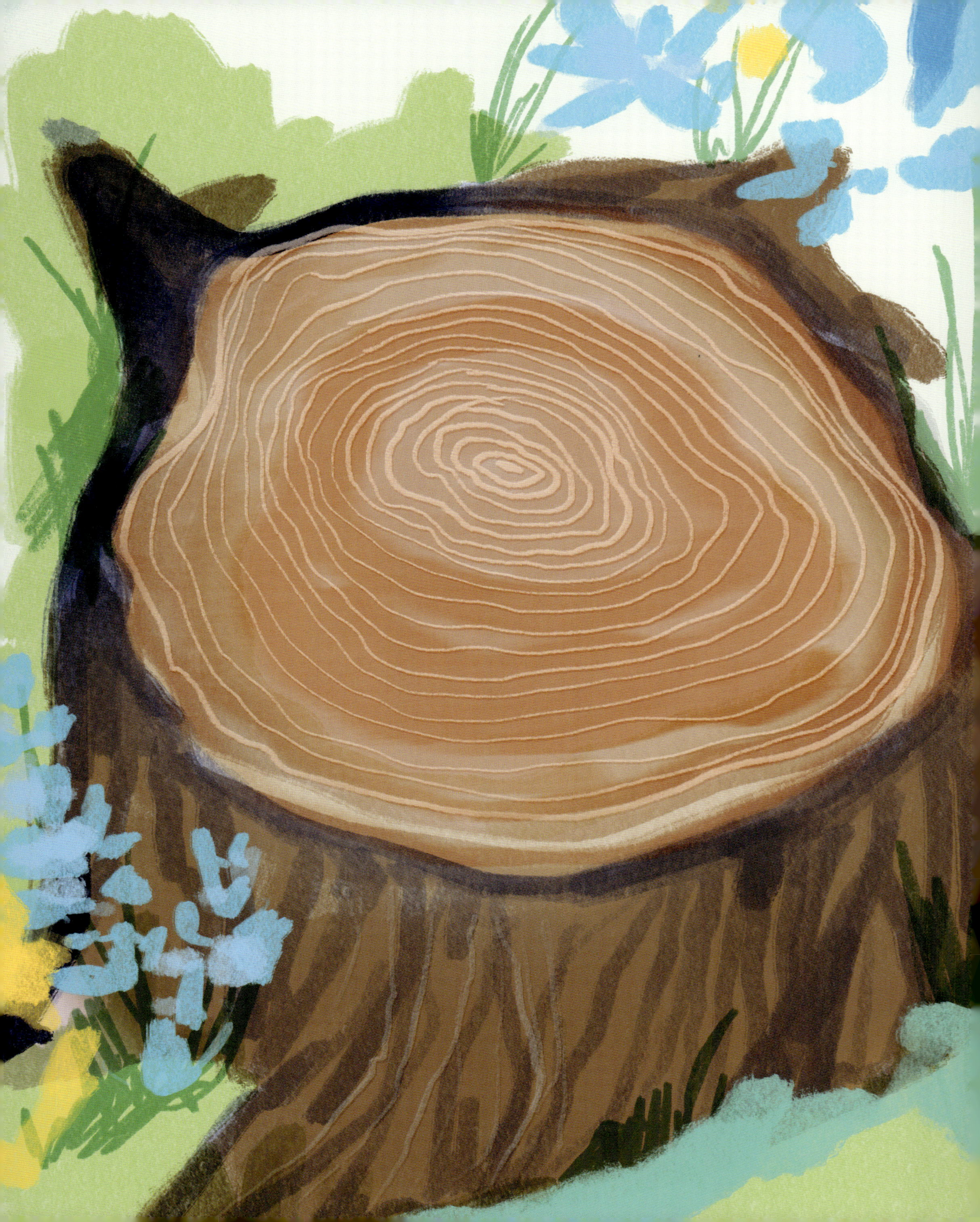

(Immer wieder neu)

Erinnern

Ich umarme den Hauch
einer Ahnung in mir:
Wir sehen uns wieder.

Windspiel

Ich umarme den Sturm

vom Ozean her,

damals stand ich

hier noch nicht allein.

Ich umarme den Wind,

er weht Blätter zu mir,

verschönert mit Herbstlaub dein Grab.

Ich umarme den Hauch einer Ahnung

in mir:

Wir sehen uns wieder.

Schon bald.

Wir brauchen **4** Umarmungen pro Tag

zum Überleben.

8 Umarmungen pro Tag,

um uns gut zu fühlen, und

12 Umarmungen pro Tag

zum innerlichen Wachsen.

Virginia Satir, Psychotherapeutin

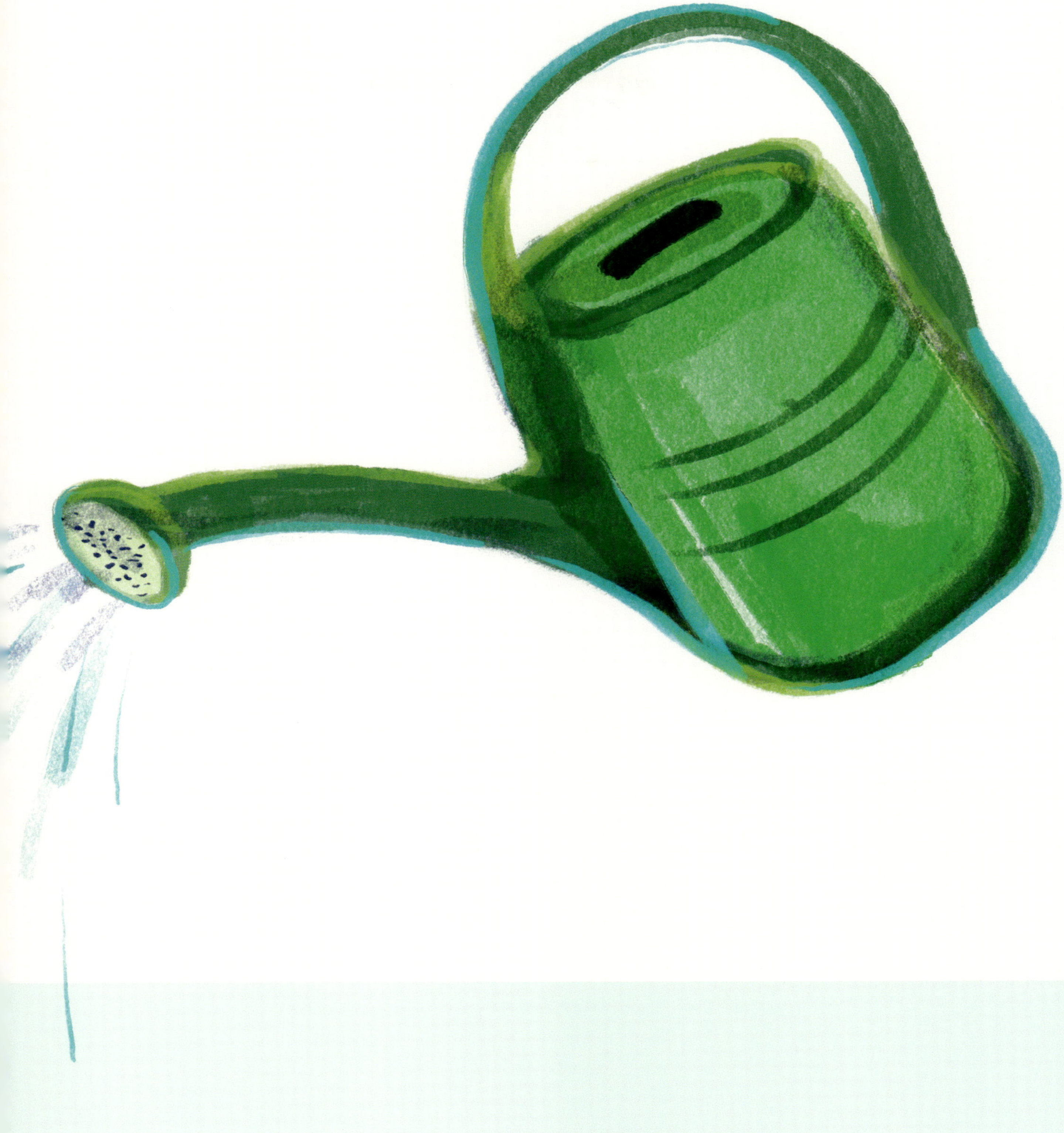

ZWEISAM EINSAM

Ich brauche **Nähe**, aber du willst **nur Sex**, sagt sie.

Sex ist doch Nähe, sagt er, was heißt denn hier »nur«?

Ich brauche mehr als das, sagt sie.

Ich auch, sagt er.

Und so **wenden** sie sich beide **ab**.

Keine Worte für das.

Keine Brücke, die trägt.

Kein Gedanke, der hilft.

Bis behutsam, kaum merklich,

eine **sanfte** Berührung – und du weißt nicht,

von wem sie ausging – alles neu verbindet,

Arm in **Arm**.

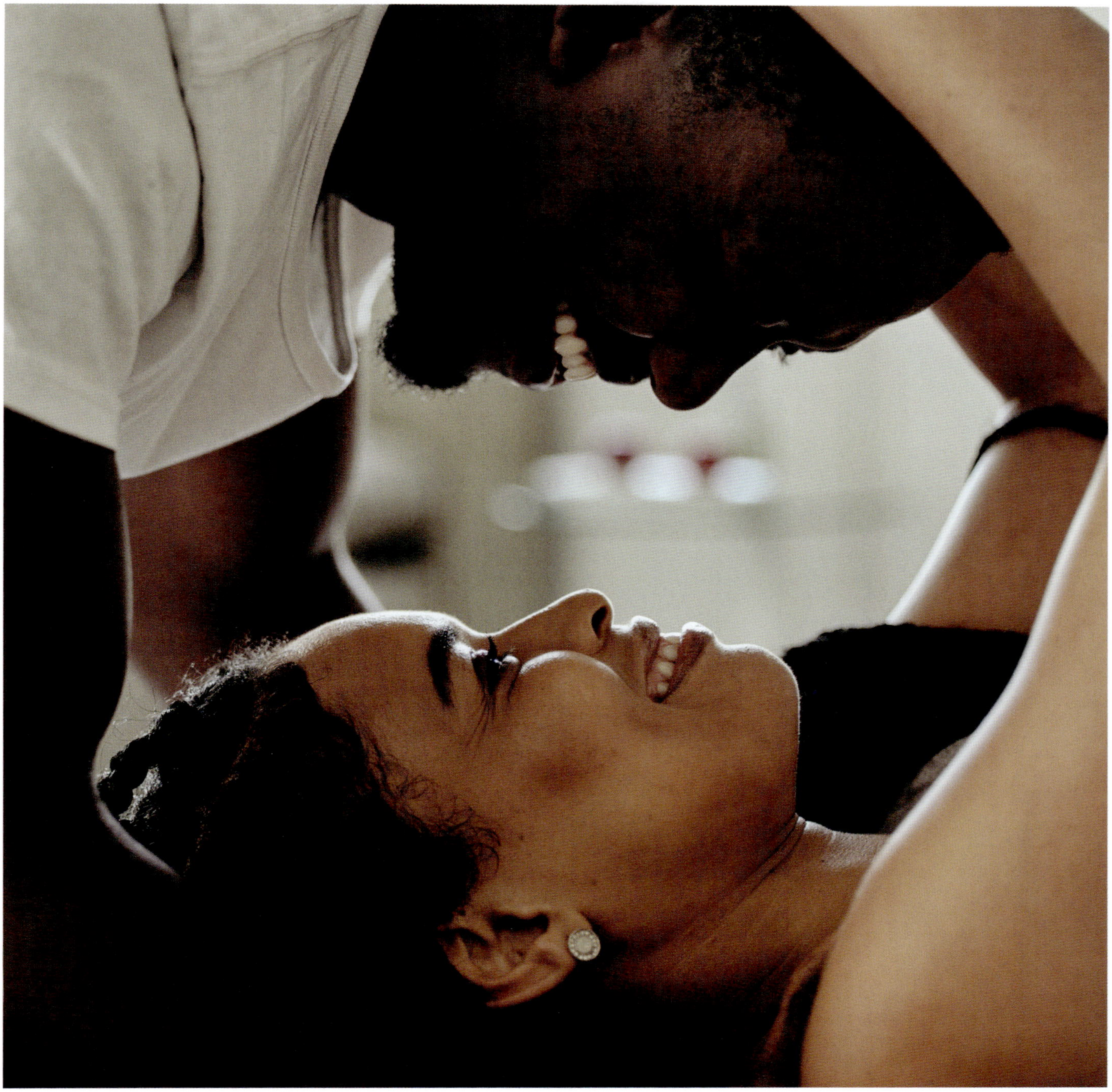

Ich ~~drück~~ klick dich

Virtuelle Umarmungen schienen lange Zeit etwas für Nerds zu sein oder für Menschen in Fernbeziehungen oder für weit entfernt lebende Freund:innen, vielleicht auch für die Besatzung auf der Internationalen Raumstation.

Dann kam Corona. Statt uns zu drücken, konnten wir uns klicken. Hochkonjunktur für Emojis, vor allem den Smiley mit den geöffneten Händen. Auch wenn er zu vielen anderen Kontexten passt, besteht seine eigentliche Bedeutung doch in der Umarmung. Und mitten im ersten Lockdown, im April 2020, führte Facebook in der Palette seiner »Reactions« jenes gelbe Gesicht ein, das ein Herz an sich drückt und uns dabei mit großen Kulleraugen anschaut. Mit einem Mausklick oder einem Fingertipp können wir seither andere Menschen unter ihren Facebook-Beiträgen so was wie unser Mitgefühl, unsere moralische Unterstützung, unseren Trost aussprechen.

(Und nebenbei dem Meta-Konzern viel über unsere Beziehungen und Werte mitteilen, aber das ist ein anderes Thema.)

Und schon haben wir weitergescrollt, denn Aufmerksamkeit ist ein knappes Gut. Im Gegensatz zu Emojis, die gibt es im Überfluss.

Vielleicht denke ich darüber nach, wenn ich dich das nächste Mal sehe.

Dann klickdrück ich dich in echt.

Rhetorische Frage

Ich glaube, ich war im ersten oder zweiten Schuljahr, als meine Eltern mich für alt genug befanden, ganz allein meinen Großvater zu besuchen.

Er wartete jedes Mal an der Bushaltestelle auf mich. Sobald die Tür aufging, warf er die Hände in die Luft und rief: »Wer kommt in meine Arme?«

Eigentlich war die Antwort darauf ja logisch.

Damals zumindest.

Doch die Jahre zogen ins Land und der Bus brachte mich an andere Orte, in andere Arme, wie das Leben eben geht.

Als ich gestern das Zimmer im Pflegeheim betrat, da traf mich sein verwunderter Blick.

»Wer sind Sie?«

»Ich bin's, Opa. Dein Enkel.«

Er schüttelte verwirrt den Kopf.

»Ich bin's. Erinnerst du dich? Der, der in deine Arme kommt.«

Ich weiß nicht, vielleicht war es Zufall, jedenfalls – da hat er gelächelt.

Und für einen Moment waren alle Fragen beantwortet.

Kalt,

ganz

kalt

Komm, Mama, ich nehme dich einfach mal in den Arm.
Ich weiß, du bist tot, aber ich mache das trotzdem, einfach im Geiste.
Frau Schneider meinte, dass mir das ja vielleicht guttut.
Dass ich mich aussöhnen könnte.
Ehrlich gesagt, wenn ich dich jetzt so im Arm halte, ich würde dich viel lieber erwürgen.
Du hattest keine Liebe für mich, nie. Ich war dir eine Last, eine Schande. Ich kann mich nicht erinnern, dass du jemals mit mir gekuschelt hättest, wie Eltern das mit Kindern tun. Du hast mich in derselben Eiseskälte aufgezogen, wie deine Mutter dich. Dieselbe Eiseskälte, in der vielleicht schon meine Oma selbst aufgezogen worden war.
Aber weißt du, was?
Ich habe diese Kette durchbrochen.
Ich gebe deine Kälte nicht an meine Tochter weiter, und nicht deine Verachtung, vor allem deinen Hass nicht, von dem Frau Schneider ja meint, es wäre Selbsthass gewesen. Weil so viele Traumata in unserer Familie von Generation zu Generation vererbt wurden, meint Frau Schneider. Bis zu mir. Hier endet es. Ich hab es aufgearbeitet. Was ihr, du und deine Mutter, vor Jahrzehnten schon hättet machen sollen. Was ihr aber nicht konntet. Das ist okay, ich kann das annehmen. Und ja,
ich kann mich mit dir aussöhnen, ich drücke dich dieses eine Mal im Geiste. Und jetzt verzieh dich aus meinem Leben.
Verzieh dich und komm mir nie wieder in den Sinn.
Ich lass dich jetzt stehen und geh mit meiner Tochter kuscheln.

Schon, gewusst?

Am 21. Januar ist *Weltknuddeltag*. Erfunden wurde der Hugging Day natürlich in Amerika, und zwar um – kein Witz! – die Wartezeit zwischen Weihnachten und dem Valentinstag zu verkürzen. Ob es zu diesem Anlass besondere Geschenke gibt, ist nicht bekannt. Aber immerhin wirkt das Datum als Aufhänger, um in den Medien die *Vorzüge des Umarmens* zu preisen und darüber zu berichten, wie stark dabei der Spiegel des Botenstoffes Oxytocin im Körper steigt.
Das tut er allerdings auch bei Umarmungen an den übrigen *364 Tagen* des Jahres.

Bitte ankreuzen

Meine Umarmung kann es zwar nicht ungeschehen machen, dass

- ○ du durch die Prüfung gerasselt bist,
- ○ du das Spiel verloren hast,
- ○ dein:e Partner:in sich trennen will,
- ○ Nazis in Parlamente einziehen,
- ○ die Katze nicht nach Hause kommt,
- ○ Netflix deine Lieblingsserie abgesetzt hat,
- ○ die Welt manchmal einfach nur scheiße ist,

aber meine Umarmung kann dir zeigen, dass mir deine Gefühle nicht egal sind.

Dass ich mit dir fühle.

Dass ich mitfühle.

(Mehrfachnennungen möglich.)

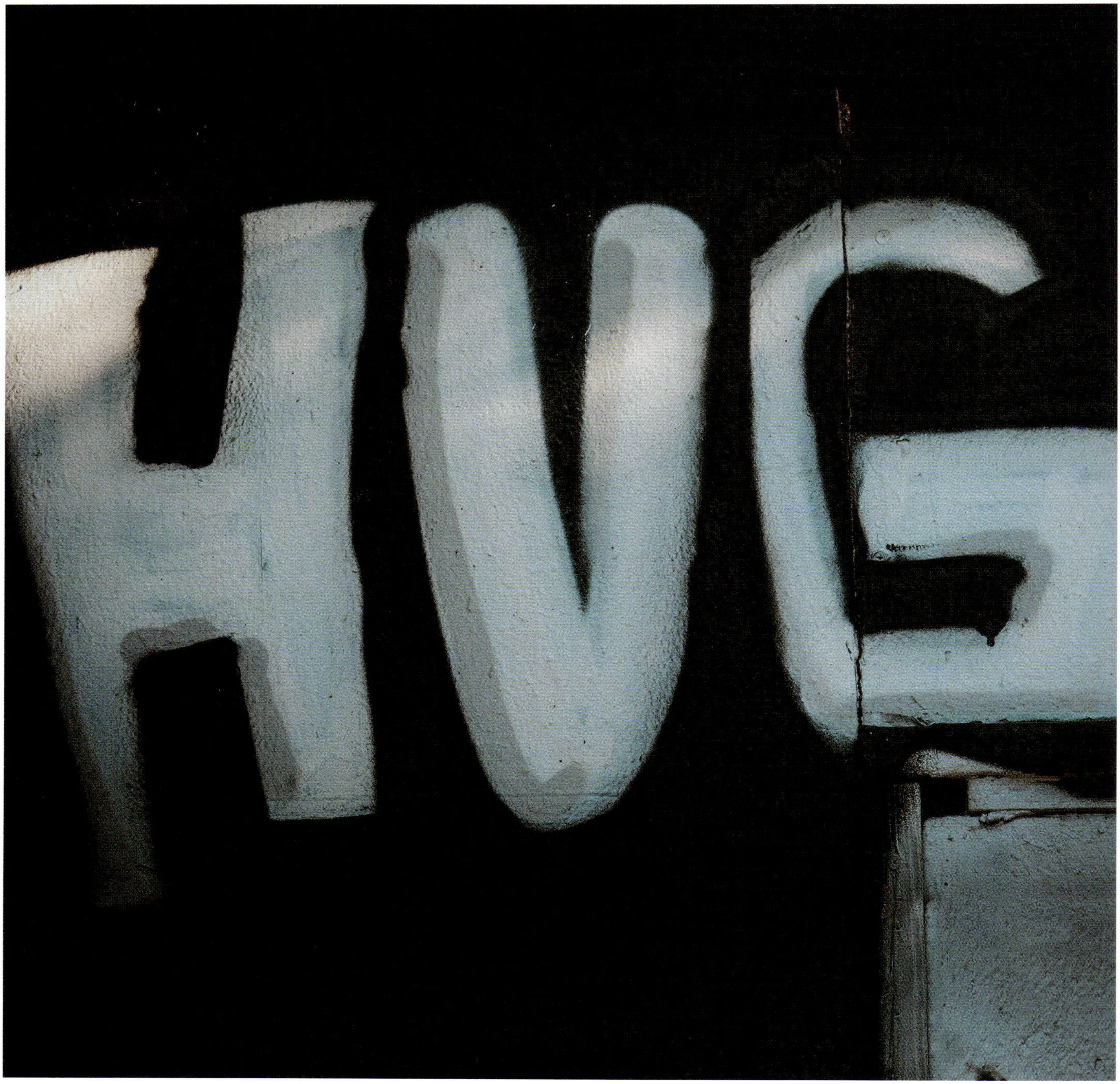
HVG

Ich könnte die ganze Welt ...

Ich umarme die Sonne und den Mond,

ich umarme den Wind, die Luft und die Wolken,

das Wasser und das Feuer und

die ganze Erde will ich umarmen

mit all ihren Früchten, Blumen und Kräutern,

ich umarme euch alle, die ihr verzeiht oder krank seid oder Frieden haltet,

ich umarme selbst den Tod, denn

der gehört eben auch zum Leben.

(Frei nach dem »Sonnengesang« des Franz von Assisi aus dem 13. Jahrhundert)

Alles

Weißt du noch, die Einschulung unseres Jüngsten?

Weißt du noch, der erste Tag in unserem eigenen Haus?

Weißt du noch, das knallige Rot auf dem Teststreifen?

Weißt du noch, wie du mich gefragt hast?

Weißt du noch, der erste Urlaub auf unserer Lieblingsinsel?

Weißt du noch, der erste Kuss?

Weißt du noch, das erste Date?

Weißt du noch, ... vor alledem ... *weißt du noch?*

Unsere allerallererste Umarmung?

Eigentlich haben wir es in diesem Augenblick beide schon gespürt.

Alles.

Abgründe

Im Jahr 1974 veranstaltete die Aktionskünstlerin Marina Abramović in Neapel ihre aufsehenerregende Performance »Rhythm 0«. Dabei verharrte sie sechs Stunden lang regungslos hinter einem Tisch, auf dem sie zuvor die unterschiedlichsten Gegenstände ausgelegt hatte, darunter eine Rose, eine Feder, Parfüm, Honig, Trauben, Scheren, ein Skalpell, sogar eine Pistole. Das Publikum sollte mit ihr während der sechs Stunden tun, was immer ihm beliebte.

Nach anfänglichem Zögern und vorsichtigen Berührungen wurden die anwesenden Menschen – ganz überwiegend Männer – immer **übergriffiger** bis hin zu offener Gewalt; sie schnitten ihre Kleider auf, ritzten ihre Haut, einer trank sogar das Blut der Künstlerin.

Als Marina Abramović jedoch nach Ablauf der Zeit ihre Starre aufhob und sich zu bewegen begann, ergriffen sie panisch die Flucht, weil sie eine echte Konfrontation scheuten.

Die Aktion ist seither **vielfach diskutiert** worden, nicht zuletzt, weil sie menschliche – männliche – Abgründe offenlegte. Die zahlreichen Berichte darüber sind teils sehr detailliert und schildern alle möglichen Handlungen des Publikums, darunter auch Versuche einiger Anwesender, die Künstlerin vor den Übergriffen zu schützen. Nirgends jedoch ist erwähnt, dass auch nur einer einzigen Person eingefallen wäre, Marina Abramović einfach zu **umarmen.**

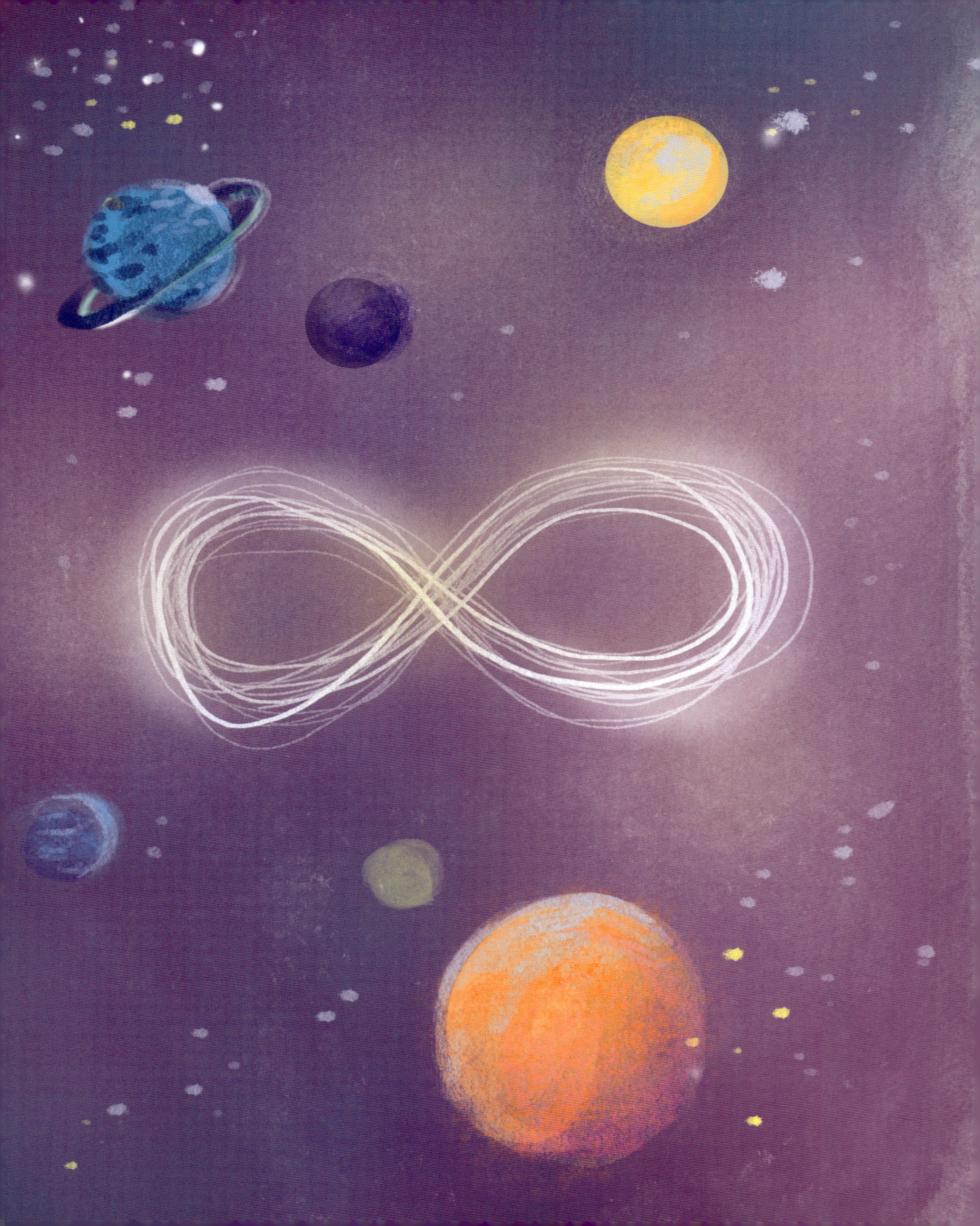

Ewigkeit

Wer immer die beiden jungen Leute
gewesen sein mögen – ihre
Umarmung dauert seit fast
sechstausend Jahren an
und ist vielleicht die längste
der Welt.

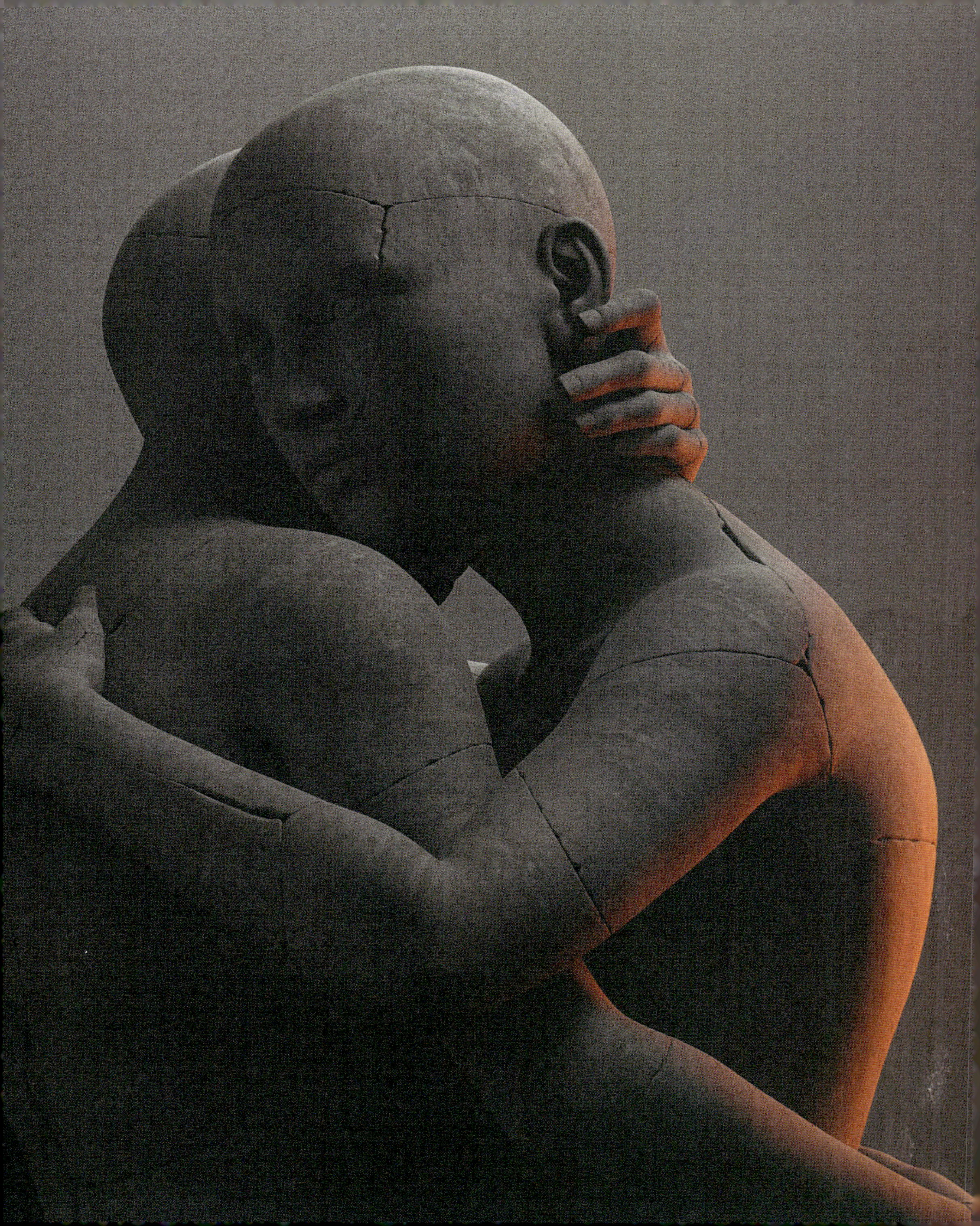

Unendlich umschlungen

Als »Die Liebenden von Valdaro« oder auch »Die Liebenden von Mantua« bezeichnen Archäolog:innen und Journalist:innen den Fund zweier menschlicher Skelette aus der Jungsteinzeit. Es handelt sich um die Überreste einer Frau und eines Mannes von etwa 18 bis 20 Jahren, die Anfang 2007 in Valdaro bei Mantua in Oberitalien ausgegraben wurden. Die Skelette lagen seit über 5500 Jahren eng umschlungen in einem Grab. Über das Leben der beiden und über die Umstände ihrer Bestattung ist nichts bekannt. Die Ausgräberin, Maria Elena Menotti, wird jedenfalls mit den Worten zitiert:

»Ja, wir müssen es Liebe nennen.«

Das unbekannte Paar hat seither zahlreiche Künstler:innen inspiriert und die Fantasie der Menschen beflügelt. Wer immer die beiden jungen Leute gewesen sein mögen – ihre Umarmung dauert seit fast sechstausend Jahren an und ist vielleicht die längste der Welt.

Lässt sich an zwei Händen abzählen:

Der 10-Finger-Umarmungsgedicht-Generator

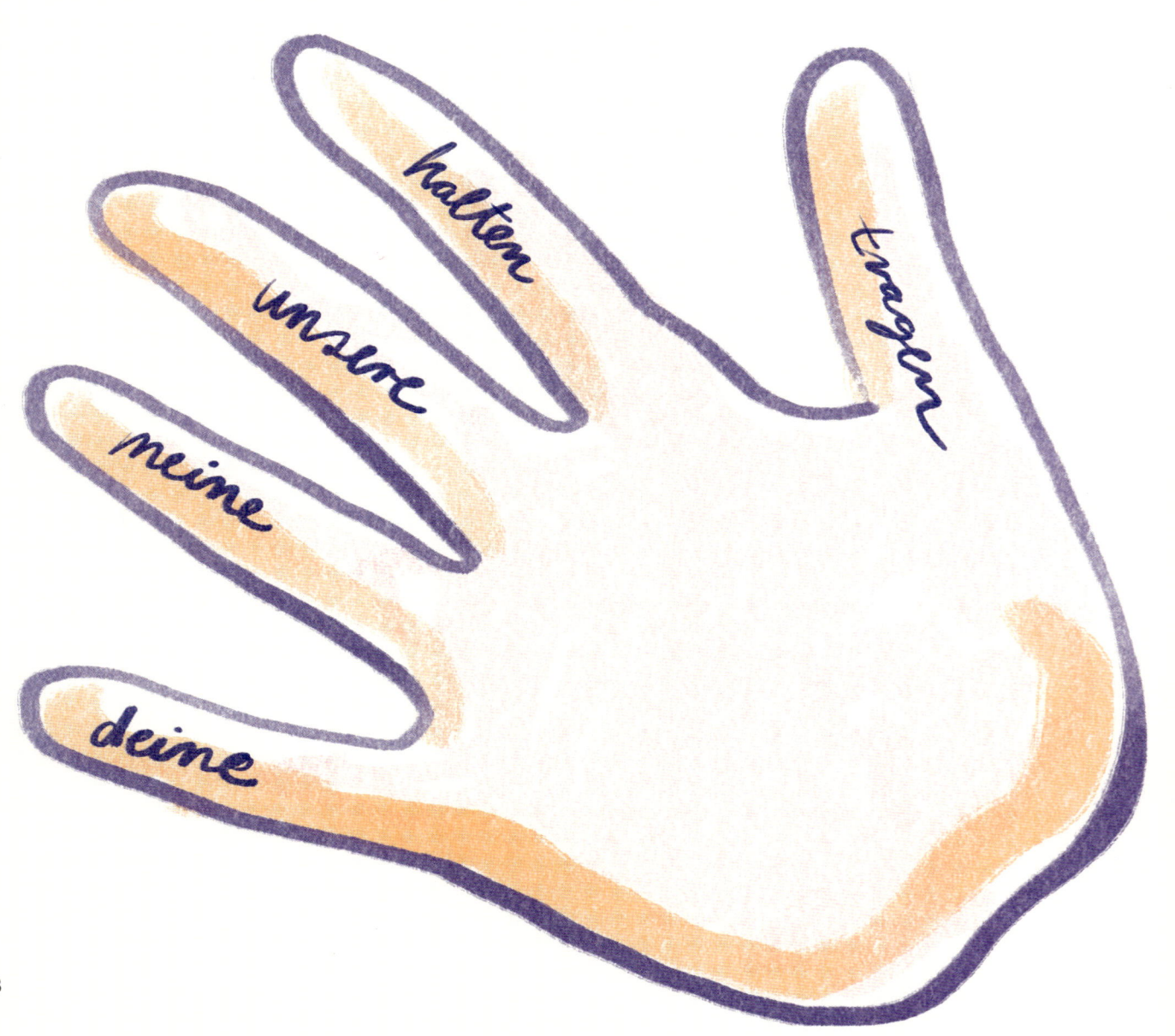

deine — *meine* — *unsere* — *halten* — *tragen*

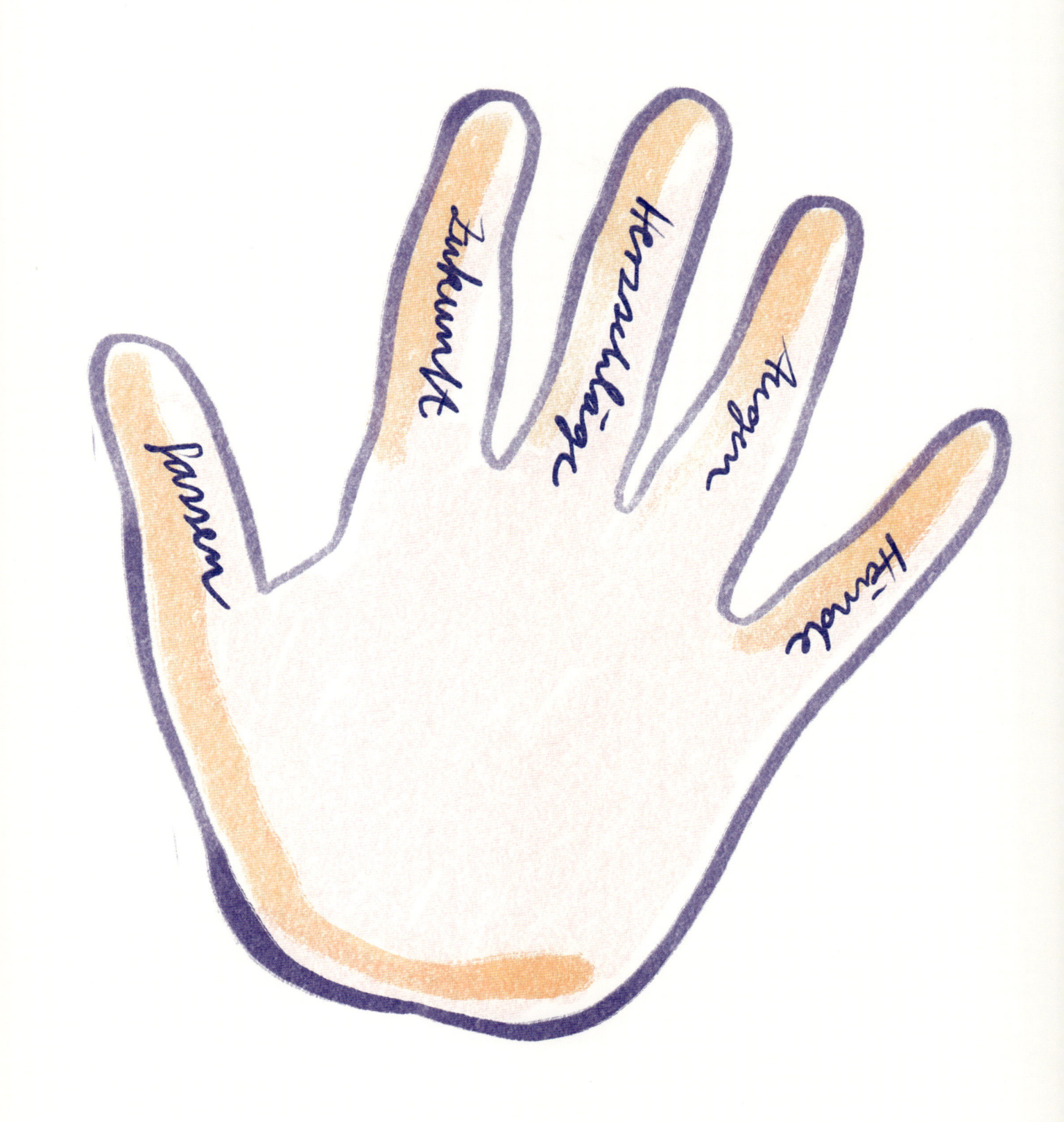

Stell deinen eigenen Text zusammen!

Waaaaa

Wahnsinn

Nachspielzeit abgelaufen, so gut wie verloren,
letzter Angriff, gleich ist Abpfiff und
dann wird's das gewesen sein, ausgeschieden, Ende
aller Träume.
Doch die Flanke von links
und volley mit Vollspann ...
Jubeleruption!
Bierdusche, Schweißgeruch, wildfremde Menschen im Glückstaumel,
drück mich an dich, wer immer du bist, Waaaaaahnsinn,
wir sind hier, *wir waren dabei*.
Das kann uns keiner
jemals mehr nehmen.

Auf Herz höhe

Ihr seid ein Liebespaar. Ihr steht einander gegenüber und umarmt euch sanft und ohne Drängen. Eine Person kann ihren Kopf an die Wange der anderen legen oder beide Partner:innen berühren sich Stirn an Stirn. Vielleicht muss die größere Person ein wenig in die Knie gehen, denn eure Oberkörper sollen sich fast nahtlos berühren und eure beiden Herzen auf gleicher Höhe sein.

Eine Hand liegt auf dem Steißbein und die andere auf dem oberen Rücken. Damit lasst ihr euch genügend Freiraum, um tief zu atmen und eure Körper zu spüren.

Schafft ihr es, diese Umarmung zehn Minuten zu halten?

Wenn es euch zu anstrengend wird, kann die größere Person von euch beiden sich gegen eine Wand lehnen.

Ihr sprecht nicht, streichelt euch nicht, achtet bloß auf euren und den anderen Körper.

Wenn die Zeit vorbei ist, könnt ihr anschließend eure Eindrücke austauschen. Müsst es aber nicht.

Dieses Ritual nennt sich Herzumarmung und stammt aus der indischen Denkströmung des Tantra, die auf Erkennen und Einswerden zielt. Es soll insbesondere Paare unterstützen, die sich (wieder) mehr emotionale Nähe wünschen. Natürlich reicht die einmalige Anwendung dazu nicht aus. Und da klingt der Gedanke erst mal spooky, sich über mehrere Wochen hinweg täglich zehn Minuten zu umarmen. Andererseits soll es Leute geben, die sitzen zehn Minuten auf dem Klo und schauen Reels oder so was. Also eigentlich gar kein großes Ding.

Hundehimmel

Dein Fell ist noch warm und die *Kinder halten dich umschlungen.* Wir hatten überlegt, ob es nicht besser wäre, es ihnen hinterher zu sagen. Einfach mit dir zum Tierarzt zu fahren und ohne dich zurückzukehren. Aber das haben wir nicht übers *übers Herz* gebracht. Jetzt können wir alle zusammen Abschied nehmen. Ich war ja damals dagegen gewesen, einen Hund zu kaufen. Aber der Rest der Familie war eben in der absoluten Überzahl. Am Anfang hab ich den Geruch von deinem Fell gehasst. Jetzt drücke ich noch einmal meine Nase rein und umarme dich, alter Freund. *Mach's gut im Hundehimmel.*

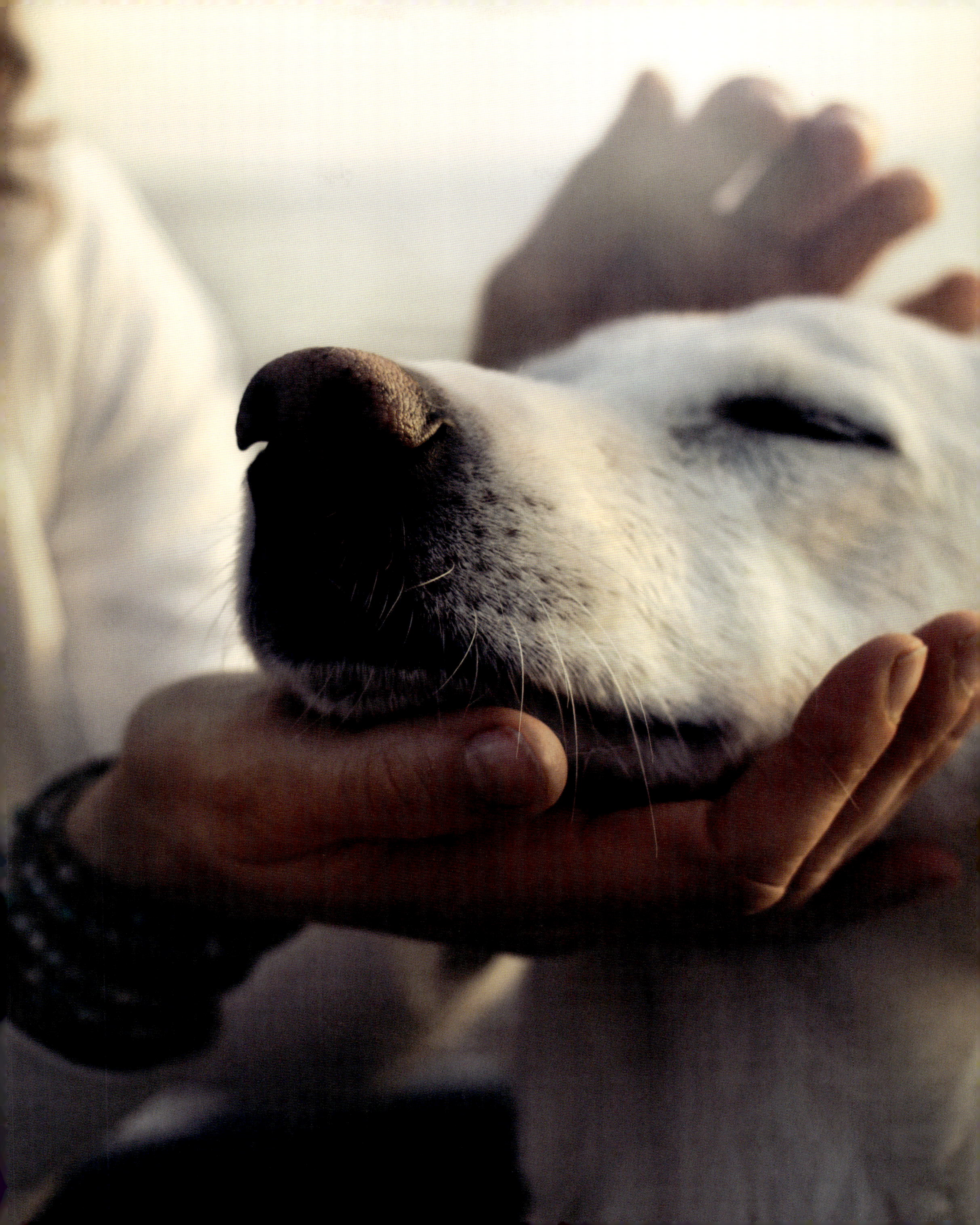

Schon gewusst?

Die Umarmung als Begrüßungsritual soll *einstmals* den Zweck gehabt haben, die andere Person *nach Waffen abzutasten*. Ob die Redewendung von der *»entwaffnenden Offenheit«* denselben Ursprung hat, muss vorerst offenbleiben.

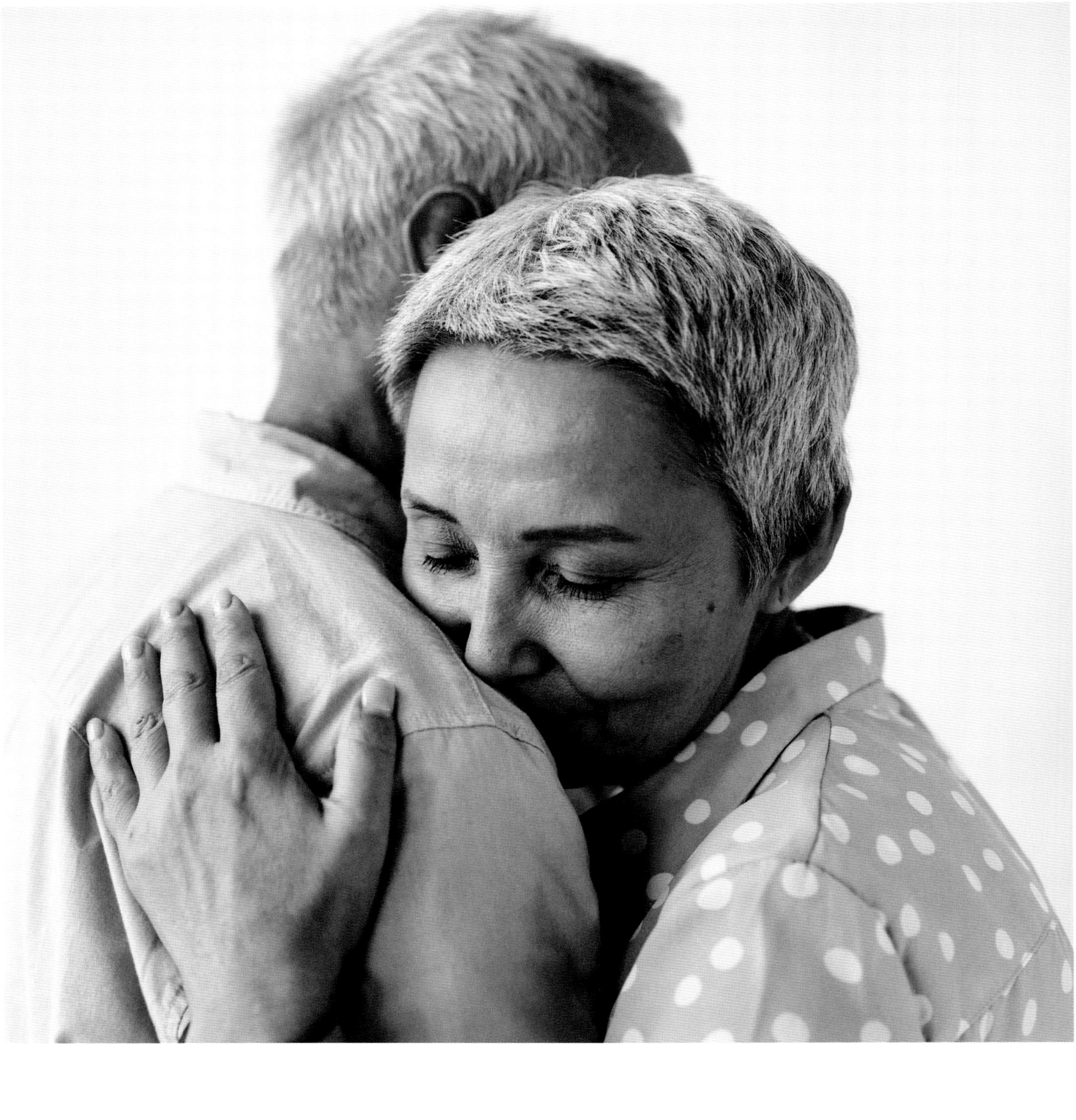

Millionen

»Seid umschlungen, Millionen!«, ist ein Ausruf aus Schillers »Ode an die Freude«, deren Beginn Beethoven mit seiner Neunten Sinfonie vertont hat. Später komponierte Johann Strauss Sohn unter diesem Titel einen Walzer. So umarmt es sich im Dreivierteltakt.

OSLO

Lass mich.

Lass mich nicht los.

Lass mich doch.

Doch nicht los.

Los mich.

Nicht.

Lieb mich.

Los.

Wiedersehen

Du hast uns zusammengebracht, obwohl wir einander teils

seit Jahren nicht gesehen haben.

Klar, mit Timo hatte ich immer Kontakt. Aber Güzel war ja nach der Schule weggezogen und

das mit Marion war schnell abgekühlt.

Heute sind sie alle gekommen. Deinetwegen.

Zwei oder drei entdecke ich, deren Namen hab ich sogar vergessen.

Trotzdem wirken alle so vertraut. Stummes Wiedererkennen,

wir umarmen uns ohne Worte.

Deinetwegen sehen wir uns hier wieder, du hast uns versammelt und

wir stehen

Arm in Arm

an deinem Grab.

123

Nineteen
(oder: Der Abiball meines Sohnes)

Der Abend endet, Zeit, sich zu verabschieden. Ihr zieht hinaus ins Leben, hinaus in die Welt.

So viele verschiedene Welten und Leben. Und ich denke still bei mir:

Etliche hier im Saal wirst du zum letzten Mal umarmt haben. Zum letzten Mal für immer.

Aber du kannst nicht wissen, welche von ihnen es sind.

Und plötzlich sehe ich sie fast alle vor mir. Wirklich.

Sie kommen mir in den Sinn aus den Tiefen meiner Erinnerung.

Was ist aus Mert geworden?

Hatte ich Min-Su damals zum Abschied umarmt, damals,

vor all den Jahren, bei meiner eigenen Abifeier?

Sebi lebt nicht mehr.

Mir fallen welche ein, die könnte ich ja mal googeln. Und ihnen,

wer weiß,

eine Mail schicken.

Ich schüttle den Gedanken ab und sehe euch an. Wie ihr da

für ein letztes Foto posiert.

Ihr seid für immer neunzehn, bis in Ewigkeit.

War ich

auch mal.

Horizont

In deinen Armen hart am Rand der Klippe, am Abgrund, in deinen Armen darüber hinaus, wir drehen uns im Wind, wir fliegen mit den Wolken, in deinen Armen an die Enden der Erde.

ÜBER DEN AUTOR

Christian Linker, geboren 1975, lebt als freier Schriftsteller in Leverkusen. Im dortigen Fußballstadion hat er seit über 30 Jahren nahezu alle gefühlsmäßigen Anlässe des Umarmens durchlebt und durchlitten.

www.christianlinker.de

Impressum
© 2025 arsEdition GmbH, Friedrichstr. 9, D-80801 München
arsedition.de/service
Alle Rechte vorbehalten
Text: Christian Linker
Christian Linker wird vertreten durch Agentur Härle.
Illustrationen Cover und Innenteil: Sarah von der Heide
Grafische Gestaltung Cover und Innenteil: Christian Keller
Bildnachweis Innenteil:
Getty Images: S. 14/15: napoleonak, S. 18: primipil, S. 29: StGrafix, S. 34/35: Fizkes,
S. 48/49: mmilanws, S. 61: Oliver Rossi, S. 66/67: photobank kiev, S. 76/77: Iryna Mylinska,
S. 83/84: Aleksandra Baranova, S. 87: PeopleImages, S. 102/103: Fachmi Noviar,
S. 110/111: Jcomp, S. 114/115: fcscafeine, S. 118: SeventyFour, S. 123: Jacob Wackerhausen,
S. 126/127: massimo colombo; www.shutterstock.com: S. 90: Itxu; Unsplash: S. 22/23: Masjid MABA,
S.26/27: Tom The Photographer, S. 52: Priscilla Du Preez, S. 98: Jon Tyson, S. 106/107: 8machine _
ISBN 978-3-8458-6282-8

www.arsedition.de

Wir behalten uns die Nutzung unserer Inhalte für Text und Data Mining
im Sinne von § 44b UrhG ausdrücklich vor.